中国艺术研究院基本科研业务费项目

项目编号：2024-3-14

非物质文化遗产馆
建设与管理运营

张志颖　著

北京时代华文书局

图书在版编目（CIP）数据

非物质文化遗产馆建设与管理运营 / 张志颖著 .

北京 : 北京时代华文书局 , 2025. 1. -- ISBN 978-7-5699-5627-6

Ⅰ . G122

中国国家版本馆 CIP 数据核字第 2024TV5672 号

FEIWUZHI WENHUA YICHANGUAN JIANSHE YU GUANLI YUNYING

出 版 人：陈　涛
策划编辑：周海燕
责任编辑：胡元曜
装帧设计：贾静洁
责任印制：刘　银　訾　敬

出版发行：北京时代华文书局 http://www.bjsdsj.com.cn
　　　　　北京市东城区安定门外大街 138 号皇城国际大厦 A 座 8 层
　　　　　邮编：100011　电话：010-64263661　64261528

印　　刷：北京盛通印刷股份有限公司
开　　本：710 mm×1000 mm　1/16　　　　成品尺寸：170 mm×240 mm
印　　张：18　　　　　　　　　　　　　　字　　数：243 千字
版　　次：2025 年 1 月第 1 版　　　　　　印　　次：2025 年 1 月第 1 次印刷
定　　价：98.00 元

前　言

在我国，非物质文化遗产（以下简称"非遗"）从无到有，在20多年的时间里被全社会认知、认可并广为保护传承，充分反映了非遗所代表的中华优秀传统文化之无穷魅力，以及在快速发展的时代进程中，全国各族民众对尤为珍贵的文化遗产的保护传承意愿。在非遗理论研究和保护实践并行发展的20多年里，如何根据非遗表达的不同思想智慧进行宣传展示，让人充分了解非遗项目的外在表现形式和内在价值，进一步发掘并激活其社会功能，让非遗"活起来"，融入现代生活，一直是非遗保护工作的关键。

为进一步强化我国非遗保护的实践经验，宣传、展示、弘扬中华优秀传统文化，近几年，全国各地的非遗保护传承基础设施和传习、展示场所的建设速度不断加快，各地的非物质文化遗产馆（以下简称"非遗馆"）建设方兴未艾。尤其是自2021年4月开始，文化和旅游部在《"十四五"文化和旅游发展规划》中明确提出"建设20个国家级非物质文化遗产馆"的目标，更是为各地非物质文化遗产馆的建设提供了政策依据。非遗馆已经成为继博物馆、图书馆、文化馆等文化设施后发挥文化旅游相关职能的重要基础设施，并进入新的发展阶段。这也是在文化和旅游需求逐渐增强的背景下，我国文化和旅游业逐渐进入新的发展时期的重要表现。

冯骥才先生在《非遗博物馆的特性》一文中提出："非遗博物馆是新时代博物馆事业出现的新事物，在类型上是一种全新的博物馆。它意义深远，功能重要，性质别样，有独立科学的构成，需要在展藏上创造性的应对……为此，亟须我们加强非遗博物馆的理论建设，以明晰的科学理论，帮助非遗博物馆的从业者在认知高度和深度上完善自己，同时提出非遗博物馆的专业要求与专业标准，促使中华大地上方兴未艾的非遗博物馆以科学的知识、完整的收藏、充分的展示、精确和生动的阐释、富有魅力的弘扬，为非遗事业的繁荣和国家文化的发展发挥更大的作用。"[1]

非遗馆从建筑属性上看，属于文化基础设施；从使用功能上看，非遗项目的丰富性决定了其多样化、综合化的文化空间属性，并决定了其建设具有特殊性与复杂性。从现代文化综合体的功能特征分析，非遗馆建设应从非遗项目类别、项目内容和表现形式入手，结合各地区域文化特色，明确场馆体量、建设目标、运营模式，优化场馆运营管理水平和展陈效果。无论是大体量的综合型非遗馆，还是各类中小型非遗传承传习场所，都需要从场馆的建筑形式、规划定位、设计理念、展陈内容、宣传策划、运营管理，以及非遗项目成果的创造性转化和创新性发展等方面综合考量。同时，非遗馆建设也应深入研究生态博物馆关于区域文化、社区文化、族群文化与地域环境有机结合的理念，提升非遗馆在展示、宣传、研究、教育及活态化保护等方面的多样化功能，从而进一步提升非遗馆的建设和管理运营水平，为保护中华优秀传统文化、丰富人类文化多样性、提高各族人民的文化自觉、坚定文化自信而服务。

---

[1] 冯骥才：《非遗博物馆的特性》，《光明日报》2024 年 2 月 18 日。

目 录

01

第一章

非遗馆建设背景及状况

非遗馆是我国的新兴事物，作为兼具非遗保护传承、宣传展示等功能于一体的文化空间，可以有效发挥促进非遗保护、传承与弘扬，推动非遗展示、宣传、研究、教育等方面的作用。早在 21 世纪初，我国就已有类似目前拥有非遗展示功能的场馆，但并未被明确称为"非物质文化遗产馆"，且大多以某一类非遗专题项目的展示为主，如传承人传习非遗项目展示、非遗相关的艺术收藏品陈列，或是与博物馆、图书馆等场馆结合的非遗资料展示等。在理论和形态层面上，学界将非遗馆溯源至民俗博物馆（Folk Museum）、生态博物馆（Ecological Museum）、人类学博物馆（Anthropological Museum）和遗产展示中心等类型的场馆（所）。在国家政策层面上，文化和旅游部《"十四五"文化和旅游发展规划》明确提出，要"建设 20 个国家级非物质文化遗产馆，鼓励有条件的地方建设综合性非物质文化遗产馆及必要的配套设施，形成包括非遗馆、传承体验中心（所、点）等在内的传承体验设施体系"[1]。由此，各地非遗馆进入了大力发展期。非遗馆已经成为我国继博物馆、图书馆、文化馆等文化设施后

---

[1] 文化和旅游部：《"十四五"文化和旅游发展规划》，参见：https://www.gov.cn/zhengce/zhengceku/2021-06/03/5615106/files/2520519f03024eb2b21461a2f7c2613c.pdf。

发挥文化旅游相关职能的重要基础设施，并进入新的发展阶段。这也是我国文化事业、文化产业逐渐进入新的发展时期，文化消费需求逐渐增强背景下的必然。

非遗馆建设的目的在于进一步拓展保护方式与措施，充分宣传、展示非遗项目的内在价值，加强非遗活态化传承，推动非遗保护与传承发展，展现地域文化、民族文化和乡土文化，尤其是在继承弘扬中华优秀传统文化等方面发挥应有的作用。

目前，有关非遗馆建设的系统性研究成果并不多，且主要以某地非遗馆为研究样本，抑或是针对某一类别或单个非遗项目的展示展陈研究。与非遗馆建设相关的文献资料也多以某个非遗馆为例进行论述。如：南京博物院王美诗的《非遗博物馆的建设思路与展陈设计——以江苏省非物质文化遗产馆为例》，主要探讨了非遗馆的策展理念和如何动态化展示非遗项目。苏州大学社会学院吴雨川、高丽华、林佳茗等人的《城市文化空间沉浸式体验建构维度研究——以中国大运河博物馆为例》，通过对线上评价和线下访谈内容的文本梳理，将城市文化空间保护作为前提，分析了场馆对游客沉浸式体验的影响与作用，探讨了沉浸式文化空间的多元构成方式，并对沉浸式旅游体验设施的打造和城市文化空间的优化等方面提出了针对性建议。南京博物院朱莉莉在《传统的未来——当代非遗馆场域建构的思考》一文中，以场域框架探讨在非遗馆规则下展陈、展演、体验非遗过程中非遗场域建构的问题及对策，搭建了当代非遗馆场域建构等方面的设想。该文主要对非遗馆的场域文化空间建构进行了分析研究。褚红斌的《非遗馆总分馆建设实践与探索——以桐乡市为例》一文，研究了桐乡市在"充分借鉴文化馆、图书馆总分馆体系建设经验的基础上，依托市级非遗馆总馆资源优势，大力发挥企业、个人工作室等社会力量的主动性和能动性，以省、市级以上非遗项目为重点，搭建县（市）级非遗馆为总馆，镇（街道）级专题馆为分馆的非遗馆总分馆体系"[1]，为笔者阐述非遗馆的总分馆建设类型提供了有力借鉴。高宇霞在《探索中的非物质文化遗产展示馆》一文中以浙江省安吉县的非遗馆建设为例，提出了非遗馆可以为打造地方特色品牌提供借鉴。要使非遗馆和地域特色文化相结合，避免重复建设，地方各级人民政府应长远规划，实行"一地一节""一村一品""一村一韵"的政策，为构建各具特色的非遗馆提供政策上的引导，也为各地小型非遗展示馆的建设提供思路，同时提出坚持政府主导、加大财政投入和鼓励社会共建共享非遗馆的理念，鼓励全社会关注、支持非遗馆建设，以形成合力的路径。

北京建筑大学郭文豪、张笑楠、马英在《国内非物质文化遗产博物馆现状研究》一文中梳理了非遗馆的建设历程，认为非遗馆"经过了从民间到政府、从私人非遗馆（私人展示传习空间）到公共非遗馆，由小到大，由个人到公共的逐级发展历程。由于国内非遗保护起步较晚以及非遗工艺的特殊性，国内非遗馆的建立最先源于民间，起于个人"[2]。同时，其将非遗馆分为综合型、专题型、非遗博览园和相关非遗展示空间四种类型，与笔者对非遗馆的分类具有一致性。唐诗吟在《非遗馆建设类型与形态探究》一文中，从功能需求上将非遗馆分为以导览功能为主的综合性非遗馆、基于整体保护理念的生态非遗馆、作为普及性教育所用的非遗体验中心三种类型，为笔者从非遗馆的服务职能层面划分非遗馆建设类型提供了参考。朱伟在《关于非物质文化遗产馆的概念、定位与功能问题》一文中指出，非遗馆"建设理念与思

[1]　褚红斌：《非遗馆总分馆建设实践与探索——以桐乡市为例》，《参花》（上）2020年第12期，第70页。

[2]　郭文豪、张笑楠、马英：《国内非物质文化遗产博物馆现状研究》，《遗产与保护研究》2018年第3期，第95页。

路往往受传统博物馆概念及非遗保护实践的双重限制，造成非遗馆建设面临着理论与现实层面的双重瓶颈。非遗馆的概念、定位与功能其实是一体的，其概念应具备公共文化属性、非遗保护职责、地方文化共识和多主体参与等基本要素"[1]，这较为清晰地解释了为什么非遗馆是多维度、复合型文化空间。

除以非遗馆为题的研究之外，不少学者也开始关注博物馆与非遗馆之间的关系，尤其是对"生态博物馆""民俗博物馆""博物馆活态化展陈"等理念，以及非遗馆与文化服务之间的关系等方面已展开相关研究。沈顾颉在《意大利博物馆资金多元化历程及借鉴意义探究》一文中，从管理运营层面研究了"意大利公立博物馆逐渐摆脱对财政拨款的过度依赖，积极提升自身经营服务能力，努力开拓多元的资金来源渠道"[2]的情况，并以都灵埃及博物馆的创新经营模式为案例，阐释了该博物馆通过基金会的合理运作及全方位提升服务的措施，建立了多元稳定的资金渠道，以文献挖掘、数据分析为基础，探究了意大利博物馆实现资金多元化的举措和成效，对我国生态博物馆和非遗馆在管理运营及多元化资金筹措方面具有借鉴意义。相博文在《国内外博物馆课程研究的现状、特征与启示》一文中提出，"国内外博物馆课程研究呈现出研究视角多元化、研究主旨逐渐回归到'以人为本'、研究内容更加注重探索博物馆课程体系构建的发展趋势"[3]。他建议未来博物馆在教育课程设置方面要细化研究内容、拓宽研究视野、加强理论

---

[1] 朱伟：《关于非物质文化遗产馆的概念、定位与功能问题》，《文博学刊》2023年第1期，第112页。

[2] 沈顾颉：《意大利博物馆资金多元化历程及借鉴意义探究》，《现代营销》（下旬刊）2022年第12期，第68页。

[3] 相博文：《国内外博物馆课程研究的现状、特征与启示》，《自然科学博物馆研究》2023年第2期，第5页。

深度，依据新时代我国博物馆课程实施的实际情况开展本土化创新研究。这为非遗馆如何更好发挥教育、信息传播、知识普及等拓展性服务职能提供了一定参考。

第一节

非遗馆建设背景

一、非遗保护工作走向纵深的需要

建设非遗馆，首先是我国重视文化事业、文化和旅游工作的体现。自 2004 年 8 月我国加入《保护非物质文化遗产公约》（以下简称《公约》）开始，尤其是全国人大于 2011 年 2 月通过《中华人民共和国非物质文化遗产法》（以下简称《非遗法》）以来，各地非遗保护中心、非遗处、非遗保护协会等机构陆续成立，进一步完善了非遗保护工作机制，形成了政府主导下的非遗保护工作体制。目前，我国已经初步建立了具有中国特色，以保护传承中华优秀传统文化、弘扬不同地域文化为基础，对应《公约》要求，符合我国国情需要的非遗保护工作体制。在上述工作进程中，国家、省、市、县四级非遗代表性项目得以确认、立档、研究，得到了有效保护和传承。各级传承人被认定并广为社会各界所认可，其社会地位和传承积极性显著提高。很多传承人作为项目持有主体，通过非遗项目的传承传习，自身的文化自信、文化自觉意识被激发出来。各地为某一项目列入各级非遗代表性项目而广为宣传，以增强非遗项目的影响力，宣传弘扬地域文化。从"非遗进校园"到"非遗在社区"，从非遗"研培计划"的广泛开展到"非遗工坊"建设所取得的显著成效，从抢救性记录到以非遗保护和文化生态为核心开展的国家级文化生态保护区建设，各类保护方式和措施日渐多样。各领域学者、专家从非遗概念解读到保护制度、保护方式的研究，从保护模式到保护路径的梳理，从非遗传承传习到宣传、传播方式的解读，凡此种种，切实推动了我国非遗保护事业不断走向纵深，也促进了我国各民族民众的文化自觉，强化了国人的文化自信。

20多年来，我国的非遗保护工作不仅让传承人的积极性得到空前提高，也促进更多的非遗项目得到确认。各地能够遵照《非遗法》的精神，遵循"保护为主、抢救第一、合理利用、传承发展"的非遗保护工作理念开展相应工作，也在非遗项目较为集中的区域，协助传承人建立了各级各类传习传承场所，为非遗项目的保护、宣传奠定了坚实的基础。尤其是在系统、集中、全面地展示非遗项目方面，不少省（区、市）在梳理各类文化遗产资源的同时，广泛形成了非遗馆的建设需求，且不少地方多年前就已经开始了非遗馆的建设。四川、浙江、贵州、广西、西藏等地成为较早一批开展非遗馆建设的省（自治区）。2022年2月5日，中国工艺美术馆正式对公众开放，同时经批准同意加挂"中国非物质文化遗产馆"（以下简称"中国非遗馆"）馆名，标志着非遗场馆建设已经成为我国文化和旅游工作的重点任务之一。以上这些非遗馆从建设理念、建设目标、基本展陈策划等方面均为今后各地非遗馆的建设提供了借鉴与参照。

2021年4月，文化和旅游部《"十四五"文化和旅游发展规划》（以下简称《规划》）印发，作为新时期文化和旅游工作的总体谋划，《规划》系统阐明了"十四五"时期文化和旅游发展的总体要求、发展目标、主要任务、重要举措等。《规划》提出全面推进"一个工程，七大体系"，其中就包括完善文化遗产保护传承利用体系。同期，文化和旅游部印发《"十四五"非物质文化遗产保护规划》，进一步明确了非遗保护工作的相关任务。2021 年 8 月，中共中央办公厅、国务院办公厅印发了《关于进一步加强非物质文化遗产保护工作的意见》（以下简称《意见》），要求各地区各部门结合实际认真贯彻落实。上述《规划》和《意见》均明确提出了完善传承体验设施体系的相关要求。"在现有基础上，统筹建设利用好国家非物质文化遗产馆，鼓励有条件的地方建设非物质文化遗产馆、推动国家级非物质文化遗产代表性项目配套改建新建传承体验中心，形成包括非物质文化遗产馆、传承体验中心（所、点）等在内，集传承、体验、教育、培训、旅游等功能于一体的传承体验设施体系。鼓励社会力量兴办传承体验设施。研究完善非物质文化遗产馆管理制度，建立非物质文化遗产馆备案和评估定级制度。"[1]《"十四五"非物质文化遗产保护规划》则进一步明确了国家级非遗馆建设的目标与数量，从而助推了全国各地非遗馆的建设步伐。

二、强化《公约》履约实践的中国模式

2003 年 10 月，联合国教科文组织大会第 32 届会议在巴黎通过了《保护非物质文化遗产公约》，旨在保护（a）口头传说和表述，包括作为非物质文化遗产媒介的语言；（b）表演艺术；（c）社会风俗、礼仪、节庆；（d）有关自然界和宇宙的知识和实践；（e）传统的手工艺技能为代表的非物质文化遗产。而非遗保护的效果之一就是"促进了文化多样性和人

---

[1] 中共中央办公厅 国务院办公厅：《关于进一步加强非物质文化遗产保护工作的意见》，参见：https://www.gov.cn/gongbao/content/2021/content_5633447.htm。

类的创造力"。基于此，《公约》第 13 条明确提出了"促进建立或加强培训管理非物质文化遗产的机构以及通过为这种遗产提供活动和表现的场所和空间，促进这种遗产的传承""确保对非物质文化遗产的享用，同时对享用这种遗产的特殊方面的习俗做法予以尊重"[1]。其中"提供活动和表现的场所和空间"为后来我国非遗传习场所的建立乃至非遗馆的建设提供了理论依据。作为《公约》缔约国，20 多年来，我国非遗保护始终以《公约》的履约要求为基础，并不断贡献着中国经验与中国智慧。毫无疑问，非遗馆建设也是我国履约实践进程中的一种创新模式。

　　1985 年 12 月，我国加入《保护世界文化和自然遗产公约》，成为缔约国。该公约"注意到文化遗产和自然遗产越来越受到破坏的威胁，一方面因年久腐变所致，同时变化中的社会和经济条件使情况恶化，造成更加难以对付的损害和破坏现象"，以及"考虑到任何文化或自然遗产的坏变或丢失都有使全世界遗产枯竭的有害影响"等，提出"为保证、保护、保存和展出本国领土内的文化和自然遗产采取积极有效的措施"，并在保护要求中提出"促进建立或发展有关保护、保存和展出文化和自然遗产的国家或地区培训中心，并鼓励这方面的科学研究"。[2] 这是对文化遗产整体性保护做出的国际层面的响应。多年来，我国始终注重对各类文化遗产的保护，开展了确立各级文物保护单位，积极申报世界文化遗产名录，加强各地、各类型的博物馆建设等工作。这些工作举措也为非遗保护工作奠定了坚实基础，并逐步形成了对各类文化遗产提供系统化保护的格局。

　　截至 2024 年 12 月，我国列入联合国教科文组织非物质文化遗产

---

[1] 《保护非物质文化遗产公约》，参见：http://www.moe.gov.cn/srcsite/A23/jkwzz_other/200310/t20031017_81309.html。

[2] 《保护世界文化和自然遗产公约》，参见：http://chl.ruc.edu.cn/Content_Detail.asp?ColumnID=50308&C_ID=20024403。

名录（名册）的项目共计 44 项，总数位居世界第一，以及我国对包括长城、莫高窟、秦始皇陵及兵马俑等在内的世界文化遗产的保护成效已成为其他国家积极履行《公约》缔约国义务的典范。而非遗馆建设正是我国结合国情，为多措并举加强非遗保护，从历史、艺术及科学角度出发，为保护、保存和展示我们的优秀传统文化，也为丰富人类文化多样性和创造力做出的一种创新与实践。

三、贯彻落实非遗保护，体现国家意志

党的十八大报告指出，要完善中国特色社会主义法律体系，加强重点领域立法，拓展人民有序参与立法途径。加强立法、有法可依，是全面推进依法治国的首要前提。2011 年，为履行《公约》要求，加强非遗保护，传承弘扬中华优秀传统文化，《非遗法》由中华人民共和国第十一届全国人民代表大会常务委员会第十九次会议通过，并于 2011 年 6 月 1 日起施行。这是我国自成为缔约国以来，从非遗履约申报到各类保护实践和理论研究同步的前行进程中，不断"继承和弘扬中华民族优秀传统文化，促进社会主义精神文明建设，加强非物质文化遗产保护、保存工作"，并将非遗保护上升为国家意志的重要标志。《非遗法》第三十五条和第三十六条明确提出："图书馆、文化馆、博物馆、科技馆等公共文化机构和非物质文化遗产学术研究机构、保护机构以及利用财政性资金举办的文艺表演团体、演出场所经营单位等，应当根据各自业务范围，开展非物质文化遗产的整理、研究、学术交流和非物质文化遗产代表性项目的宣传、展示。""国家鼓励和支持公民、法人和其他组织依法设立非物质文化遗产展示场所和传承场所，展示和传承非物质

文化遗产代表性项目。"《非遗法》以法律条文的形式，明确了各类文化机构及场所应助力宣传、展示和传承丰富的非遗代表性项目的要求。《非遗法》第三十二条提出的"县级以上人民政府应当结合实际情况，采取有效措施，组织文化主管部门和其他有关部门宣传、展示非物质文化遗产代表性项目"，[1] 明确了各级人民政府宣传、展示非遗的职责。从2011年颁布实施的《非遗法》到各省相继出台的《非遗保护条例》，都以"非物质文化遗产展示场所""非物质文化遗产博物馆""非物质文化遗产专题的公共文化设施"等类似称谓，明确了国内法律法规层面对设立非遗展示空间的导向。[2] 基于此，非遗馆的建设也是贯彻落实《非遗法》、贯彻落实非遗保护，体现国家意志、体现依法治国的重要举措。同时，作为国家公益性事业单位的非遗馆，与国家文化政策尤其是文化管理和公共文化服务密不可分，是文化和旅游部从国家意志层面为充分满足人民群众丰富多彩的文化生活做出的重要谋划。

四、助力文化和旅游融合发展的契机

　　文化是旅游的灵魂，旅游是文化的载体。文化和旅游始终相生相伴，二者之间有着天然的、内在的联系，本身就是密不可分的。从明代董其昌在《画禅室随笔》中所言"读万卷书，行万里路"，到后人延伸出的"读万卷书不如行万里路"，都是旅游和文化紧密结合的生动说明。近几年来，各地文旅局普遍意识到，文化和旅游的融合绝不单是职能部

---

[1]　《中华人民共和国非物质文化遗产法》，参见：https://www.gov.cn/flfg/2011-02/25/content_1857449.htm。

[2]　参见《我国非遗馆建设情况及发展趋势》，https://www.ihchina.cn/Article/Index/detail?id=18124。

门的合并，借助非遗项目丰富而多样的表现形式，增强旅游的内容和体验感已经成为大家的共识。

从文化和旅游工作者新时期所面临的新时代任务及文化和旅游机构所担任的职责来讲，非遗在新时期文旅工作中具有与多部门、多业态工作结合的可能性与可行性。非遗有其鲜明的形态特征和时代定位，承续中华民族先进文化基因，是非遗传承赓续的过程性表达；展现的人类非凡的思想智慧，是其形态广度和时间维度的表现。文化与旅游相结合可以让非遗保护获得内生动力，成为新时期文化产业发展的重要抓手。举例来说，传统美术、传统技艺类非遗项目可以结合美术、艺术创作等表现方式，成为新的文化产业IP，助力文化产业发展；传统音乐、传统舞蹈、传统戏剧、曲艺类项目又可以深度对接公共文化服务和演艺演出相关团体，成为文化旅游工作的发力点。这也是非遗近些年来认知度、影响力不断增强的原因之一。可以说，非遗在文旅融合进程中已成为政府和相关职能部门开展文化工作的重要内容，成为人们在旅游过程中最希望探究、体验、观摩和感受的内容。从非遗进校园、进社区、进景区形成的效应看，非遗在旅游业态中多样化的表现与展示形式，也成为当前各地"非遗热"的主要原因，更是催生了"非遗＋旅游""非遗＋多业态"等文旅融合新举措。所以说，非遗可以深度对接旅游行业，助力文旅融合。在此基础上，如何深度、全面地展示各地非遗项目，成为促进非遗馆建设的重要原因之一。

五、文化遗产活态化展示的生动实践

1972年11月，联合国教科文组织大会第17届会议在巴黎通过了《保护世界文化和自然遗产公约》，成立了联合国教科文组织世界遗产委员会，其宗旨在于促进各国和各国人民之间的合作，为合理保护和恢复全人类共同的遗产做出积极的贡献。文化遗产是历史留给全人类的财富，并不仅限于遗址、古迹和文物，它也包括我们世代传承下来的非物质文化遗产，如《公约》中提及的表演艺术、社会实践、仪式和节庆活动，以及有关自然界和宇宙的知识与实践等。广义上的各类文化遗产是以《公约》和《保护世界文化和自然遗产公约》所确定的保护对象。其中，《保护世界文化和自然遗产公约》将文化遗产规定为"文物：从历史、艺术或科学角度看具有突出的普遍价值的建筑物、碑雕和碑画、具有考古性质成分或结构、铭文、窟洞以及联合体；建筑群：从历史、艺术或科学角度看，在建筑式样、分布均匀或与环境景色结合方面，具有突出的普遍价值的单立或连接的建筑群；遗址：从历史、审美、人种学或人类学角度看具有突出的普遍价值的人类工程或自然与人联合工程以及考古地址等地方"。此外，其将自然遗产规定为"从审美或科学角度看具有突出的普遍价值的由物质和生物结构或这类结构群组成的自然面貌；从科学或保护角度看具有突出的普遍价值的地质和自然地理结构以及明确划为受威胁的动物和植物生境区；从科学、保护或自然美角度看具有突出的普遍价值的天然名胜或明确划分的自然区域"。[1] 从存在形态上看，上述遗产又可以被分为物质文化遗产（有形文化遗产）和非物质文化遗产（无形文化遗产）。其中，"古遗址、古墓葬、古建筑、石窟寺、石刻、壁画、近代现代重要史迹及代表性建筑等不可移动文物，历史上各时代的重要实物、艺术品、文献、手稿、图书资料等可移动文物；以及在建筑式样、分布均匀或与环境景色结合方面具有突出普遍价值的历史文化名城（街区、村镇）"[2]，属于物质文化遗产。

---

[1]　《保护世界文化和自然遗产公约》。

[2]　《国务院关于加强文化遗产保护工作的通知》。

单从文化遗产类型和概念分析，各类文化遗产既融合了中西共同的价值理念，又体现着不同国家和民族的认知、情感等，文化遗产的主体与客体是相互联系、相互贯通的。我国的文化遗产类型丰富且各有特色，不同文化遗产的呈现方式不同，保存、研究、利用和展示的方式也各有侧重。博物馆的建立为各类有形文化遗产的保护奠定了坚实基础，而对无形文化遗产的保护需要则助推了非遗馆的建设步伐。在此基础上，非遗馆建设已通过制度建设加强遗产保护，继而打通遗产体系之间的气脉，完善遗产保护与推动遗产价值在现当代创新应用的创新机制，实现文化遗产价值的最大化，弘扬非遗丰富的内在价值；实现"文化遗产保护传承利用体系不断完善，文物、非物质文化遗产和古籍实现系统性保护，文化遗产传承利用水平不断提高"[1]。

1985年至今，我国就丰富的世界文化和自然遗产实施了一系列卓有成效的保护措施，尤其是通过确立各级文物保护单位、建立博物馆、完善保护政策和制度、加强立法等手段对文化遗产进行了全方位保护。第一次全国可移动文物普查数据显示："10815万件（套）国有可移动文物的'家底'得以摸清。"[2]据统计，截至2021年年末，我国公共图书馆、博物馆分别达到3215个、5772个。[3]全国文物基础数据更加全面准确。博物馆成为保护各地文化遗产的主要场所，同时带动了文化和旅游工作及相关产业的发展。

各类文化遗产作为人类创造力的生动见证，具有多种形态的表达，遗址遗迹、文物等是以有形的存在为基础的，非遗则重视隐性的、无形

---

[1] 文化和旅游部:《"十四五"文化和旅游发展规划》。

[2] 《"让历史文脉更好地传承下去"——写在2023年"文化和自然遗产日"》,《人民日报》2023年6月10日。

[3] 参见《服务业释放主动力 新动能打造新引擎——党的十八大以来经济社会发展成就系列报告之五》,https://www.gov.cn/xinwen/2022-09/20/content_5710812.htm。

的文化遗产的价值和功能，这两者共同构成完整的文化遗产体系。如何审视非遗作为文化遗产的重要组成部分及蕴含的丰厚价值，通过分析其审美属性、价值属性、精神属性，开展整体性、系统性的保护尤为重要。笔者认为，这些属性首先需让人们广泛了解，继而认知并喜欢，然后才能通过采取广泛的保护行动，激活各类非遗项目中蕴含的价值。为了让越来越多的民众意识到蕴含于非遗项目中的丰富价值及社会功能，意识到保护非遗是对传统文化的驻足与反思，需要在承认文化差异、实现文化共存的背景下开展多样化保护工作。通过非遗保护，赓续历史文脉，充分展示优秀传统文化，建立起自身的文化遗产观和保护方式，让非遗项目进入活态、真实、有序的传承阶段。非遗馆建设也是贯彻落实习近平总书记关于加强文化遗产保护传承工作的重要论述和重要指示的生动实践。无论是文保单位、博物馆、图书馆，还是非遗馆，都需要实现"让收藏在博物馆里的文物、陈列在广阔大地上的遗产、书写在古籍里的文字都活起来"[1]的目标。在这一进程中，非物质文化遗产和物质文化遗产并非割裂的，而是一个有机的统一体。

六、满足人民日益增长的文化需求的举措

文化及其相关产业需求迅猛发展是社会经济发展到一定水平的反映，人民生活水平提高带来的文化需求的增长不断推动着文化产业的发展。中国特色社会主义进入新时代的一个重要特征，在社会主要矛盾的表述中体现为，用"人民日益增长的美好生活需要"替代"人民日益增

---

[1]　杜羽、罗容海：《让书写在古籍里的文字活起来——党的十八大以来学术出版界传承弘扬中华优秀传统文化纪实》，《光明日报》2017 年 8 月 13 日。

长的物质文化需要"。这是随着我国社会生产力水平显著提高，人民群众除了对物质生活有了更高要求之外，在文化方面的需求也日益增长的真实体现。

经济发展与文化发展之间存在一定的相关性。经济发展带来的物质方面的需求往往是先于文化需求的，也就是说，只有人们的物质需求得到一定程度的满足时，文化需求才能产生，并被激发和释放出来。文化需求一方面是为了满足各种精神生活的需要，形成对文化产品的要求，也可以理解为商品性文化需求；另一方面是对公共文化设施及服务的需求，需要政府职能部门为社区群体提供更为全面的文化服务，也可理解为非商品性文化需求。这是社会经济发展的必然。文化需求量的大小、产品质量的好坏，以及消费者品位的高低，是判定一定区域内社会现代化程度高低的标志。基于此，各地区建设非遗馆是在国家层面上为满足广大人民群众文化需求实施的有力举措。

21 世纪初，我国文化事业和文化产业的发展已经进入上升期，2000 年以来，各类文化消费突飞猛进，与文化相关的产业成为经济发展新的增长点。据国家统计局数据：2022 年全国文化及相关产业增加值为 53782 亿元，比上年增长 2.7%（未扣除价格因素），占国内生产总值（GDP）的比重为 4.46%。[1] 全国 7.3 万家规模以上文化企业实现营业收入 12.95 万亿元，比上年增长 8.2%，并呈现出三个特点，分别是文化产业规模持续扩大、文化服务业支撑作用增强、九大文化行业整体向好。[2] 在此基础上，为满足人民群众文化需求的各类文化场馆建设数量不断增加。（图 1-1）

---

[1] 参见国家统计局：《2022 年全国文化及相关产业增加值占 GDP 比重为 4.46%》，https://www.stats.gov.cn/sj/zxfb/202312/t20231229_1946065.html。

[2] 参见祁述裕：《2023 年我国文化产业发展状况及展望》，https://www.thepaper.cn/newsDetail_forward_26519429。

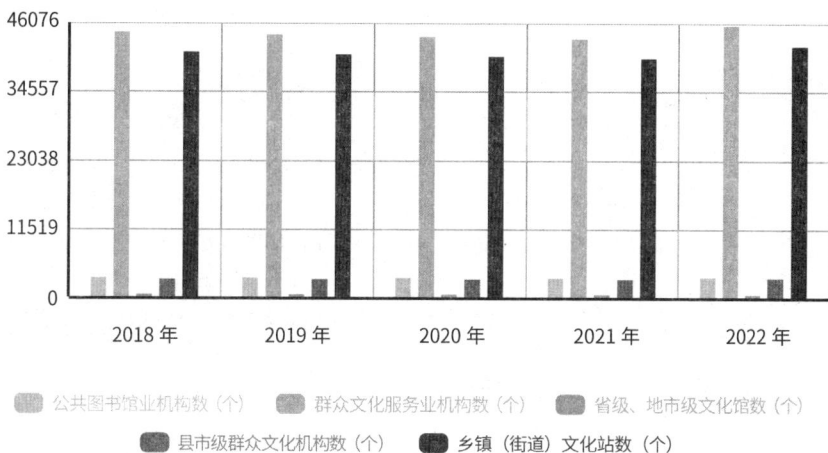

图 1-1 　　　　　2018—2022 年国家统计局关于图书馆、文化站等机构数量统计图。

　　据国家统计局相关数据，自 2018 至 2022 年，图书馆、文化站、文化馆等机构数量持续稳步增长的趋势明显，其中博物馆数量从 2018 年的 4918 个增加到 2022 年的 6091 个；群众文化服务业机构的数量也从 44464 个增加到 45623 个。[1] 与之对应，上述机构的从业人员数量也呈现出大幅增长的态势。以博物馆从业人员数为例，从 2018 至 2022 年，增加了 23955 人。这也反映了人民群众的文化生活需求不断增加的态势。（表 1-1）

　　《2022 年全国文化及相关产业发展情况报告》相关数据显示，虽然受到新冠肺炎疫情影响，但各类文化市场主体依然发展壮大，我国文化及相关产业规模持续扩大。2022 年，我国文化产业实现营业收入 165502 亿元，比上年增加 1698 亿元。在国家文化产业发展扶持政策

---

[1]　相关数据引自国家统计局网站，参见：https://data.stats.gov.cn/easyquery.htm?cn=C01。

表 1-1　　　　　　2018—2022 年国家统计局关于博物馆机构数、参观人次等数据统计表

指标	2018 年	2019 年	2020 年	2021 年	2022 年
博物馆机构数（个）	4918	5132	5452	5772	6091
博物馆参观人次（万人次）	104403.58	112225.16	52652.35	74850.45	57047.99
本年博物馆从有关部门接受文物数（件／套）	188377	70779	162399	81461	105670
博物馆从业人员（人）	107506	107993	118913	125704	131461
博物馆文物藏品（件／套）	37540740	39548334	43190898	46648282	46916129

的引导下，我国文化产业固定资产投资规模继续扩大，部分行业固定资产投资增速较快。2022 年，我国文化产业固定资产投资比上年增长7.6%，增速快于上年 2.4 个百分点。[1]

　　多年来，历届国际博物馆日的主题越来越强调博物馆在社会发展和世界各国民众文化生活中的重要地位。例如：2000 年的主题是"致力于社会和平与和睦的博物馆"，2001 年的主题是"博物馆与建设社区"，2002 年的主题是"博物馆与全球化"，2008 年的主题是"博物馆：促进社会变化发展的力量"，2010 年的主题是"博物馆致力于社会和谐"，2012 年的主题是"处于变革世界中的博物馆：新挑战、新启示"，2013 年的主题是"博物馆（记忆＋创造力）＝社会变革"，2022 年的主题是"博物馆的力量"，2023 年的主题是"博物馆、可持续性与美好生

[1]　参见国家统计局：《2022 年全国文化及相关产业发展情况报告》，http://www.stats.gov.cn/sj/zxfb/202306/t20230629_1940907.html。

活"，2024 年的主题是"博物馆致力于教育和研究"。通过分析历年来博物馆日的主题可以发现，博物馆在加强社区建设、推动社会变革与社会和谐、应对人文和社会环境变革带来的挑战，以及助力人类社会可持续发展、创建美好生活方面发挥了越来越重要的作用。

改革开放进程中，我国东部地区经济相对发达，中西部地区经济相对薄弱，区域经济不均衡导致文化场馆存在分布不均衡的现象。据《2016 年度全国博物馆名录》，从不同区域看，东部省份的博物馆总数量明显高于西部省份；从单个省份看，拥有 200 家及以上博物馆的省份有 11 个，分别是鲁、浙、苏、豫、粤、陕、川、鄂、皖、甘、黑。这表明经济发达的省份往往拥有更多的文化资源。根据国家文物局公布的博物馆名目，从单个城市看，博物馆数量超过 100 家的城市有北京、上海、成都、西安、武汉等城市。上述数据证明了中国博物馆的数量近年来持续增长，人民群众对于包括非遗在内的文化消费和文化活动的需求进入旺盛期。

此外，我国的非遗保护工作在基本完成非遗项目名录、清单梳理，建立四级名录体系，完善体制机制后，已经逐渐走向纵深。2021 年，非物质文化遗产保护专业列入普通高等学校本科专业目录。非遗保护专业旨在让学生通过四年的学习，掌握该专业的基本理论和较丰富的艺术学理论、文化人类学、民俗学等方面知识，并通过参与民间艺术的表演、调查与保护、文化遗产管理等实践，获得一定的非物质文化遗产保护、非物质文化遗产传承能力，以期毕业后从事非物质文化遗产保护相关工作。非遗保护作为高等院校的新增设专业，也凸显了非遗保护的时代需求。

非遗馆建设，是非遗保护工作不断深化的时代要求。非遗项目的抢救、保护、保存需要空间，传承传习需要有合理的物理空间环境，宣传展示更需要一定的场域环境氛围。所以，非遗馆建设既代表着广大非遗传承主体的诉求，也是非遗保护进入新的历史时期、向纵深发展的必然。其根本目标在于促进非遗展示，"以更加包容和开放的姿态，将信息传播、价值阐释放在更加重要的地位"[1]，让非遗所代表的中华优秀传统文化能够全面融入社会、回归生活。

非遗馆作为公益性事业单位，可以有效对接以非遗项目为主体的各类群众文化活动。舞龙舞狮、锅庄舞、安塞腰鼓、英歌舞等，都可以融入各地群众文化活动，有助于建设各民族共同精神家园，铸牢中华民族共同体意识。无论是文化层面的兼容并蓄、经济发展中的相互依存与促进，还是各民族民众情感交流上的形式表现，中华民族共同体都与非遗项目有着不可分割的关系。非遗馆建设是我国非遗保护进入新的阶段以来，在保护文化遗产，传承民族文化、地域文化等方面强化民众文化自信的实践，将会成为联结民族情感、增进民族团结、维护国家统一及社会稳定的公共文化空间和文化场所，具备将人民群众喜爱的文化表现形式聚集起来，并由人民群众全面享有的作用。

此外，非遗馆建设作为与文化地产相关的基础设施，在带动就业，促进旅游消费和产业转型升级，助力乡土文化发展，加强爱国主义教育、红色主题教育，以及完善和丰富国家文化公园的内容建设等方面都具有重要意义。

本书所论述的非遗场馆，主要指国家级非遗馆和省级非遗馆，同时借助相关地区在历年非遗保护实践中的非遗传习、展示场所情况及非遗传承传习中具有典型意义的案例展开研究。

---

[1] 刘托：《开启非遗展示与传播新篇章》，《中国非物质文化遗产》2021 年第 5 期，第 22 页。

第二节

我国非遗馆建设情况

虽然非遗的概念在 20 世纪 70 年代尚未形成，但当这一时期"生态博物馆"的概念被提出时，人们就已经意识到应重视对非物质文化遗产的保护，而从类型和功能上看，非遗馆的建设又很难脱离生态博物馆。生态博物馆最早由法国人弗朗索瓦·于贝尔和乔治·亨利·里维埃在 1971 年国际博物馆协会第九届大会上提出，并在法国率先进行实践，继而引发了一场在全世界进行生态博物馆建设的革新运动。基于对文化遗产整体性保护和强化社区、群体与生态环境之间的相互作用而建设的生态博物馆，在不同国家和地区也有不同的称谓。在西班牙被称为"文化公园"，在印度、澳大利亚被称为"遗产项目"，在拉丁美洲被称为"社区博物馆"，在美国被称为"邻里博物馆"，在瑞典被称为"露天博物馆"或"民俗博物馆"，等等。我国已经建设的生态博物馆与我国高度重视各民族文化习俗和传统，注重生态环境与人文环境的系统性保护目标高度一致。在非遗保护层面，生态博物馆的建设也与加强非遗整体性保护，设立国家级文化生态保护区，甚至与建设国家文化公园等方面的理念具有一致性和关联性。

苏东海先生多年前曾就中国生态博物馆建设提出："生态博物馆

与传统博物馆就像地球的南极和北极，虽然相距遥远，但还是有一个共同的轴线将它们串联在一起。因为，它们都还是用人类和环境的物证，用博物馆的语法，在讲述继往开来的发展故事。"[1] 我国的非遗馆建设符合这种以博物馆视角讲述非遗故事的理念，除此之外，应该参考博物馆、美术馆、图书馆等场馆的体制机制和管理运营模式，这是由该类场馆在社会职能、文化空间属性、展览内容、管理运营等方面的共性因素决定的。传统博物馆建设如何实现生态化、活态化、智慧化的建设目标也成为非遗馆建设需考虑的重要因素。曹兵武先生认为，"博物馆所处理的物与人都在发展变化，物与人的关系在信息化、民主化与文化＋生态自觉的时代更是面临着新的重构机遇。生态博物馆这种拆掉围墙，将自然与人文要素、外来观者与在地居民等一并置于保护与展示、传承与发展的目标框架下统筹规划并活态运作的新范式，正契合了探索可持续发展和生态文明的历史潮流"[2]。这一观点对应了目前非遗保护进程中非遗馆的建设理念。刘渝在《中国生态博物馆现状分析》一文中较为系统地阐述了我国生态博物馆的发展历史，并就当前中国生态博物馆在文化遗产保护与地方旅游开发等方面存在的一些问题进行分析和探讨。文中还提出除已经建成的生态博物馆外，"还有一些带有生态博物馆特征的民族民俗村寨、生态村、生态文化村、古城（镇）、村、文化遗址等正在发展和建设"[3]。该文章虽已关注到文化遗产与生态博物馆之间的关联性，但并未与非遗保护相结合展开详细论述。

尹凯在《生态博物馆：思想、理论与实践》中提出："与中国的生

---

[1] 转引自尹凯：《生态博物馆：思想、理论与实践·序》，科学出版社 2019 年版，第Ⅵ页。

[2] 同上，第Ⅴ页。

[3] 刘渝：《中国生态博物馆现状分析》，《学术论坛》2011 年第 12 期，第 207 页。

态博物馆实践一样，世界范围内的生态博物馆实践也基本上处于进退两难的尴尬境地。"但他同时认为，"生态博物馆不仅止于实践与理论，其最大价值在于思想，这也是理解西方学界痴迷于生态博物馆研究这一现象的钥匙。在西方学者的眼中，生态博物馆思想在某种程度上构成了一种'生态博物馆学路径'"。[1] 尹凯同时分析了作为异托邦、作为公共空间、作为现代隐喻等的博物馆形态。笔者认为，这些观点与文化遗产活态化保护的理念紧密相关，且对应于我国非遗馆未来建设发展路径中的新理念、新方向、新需求。

广东省非遗保护中心的朱伟在《关于非物质文化遗产馆的概念、定位与功能问题》一文中说道："非遗馆的概念、定位与功能其实是一体的，其概念应具备公共文化属性、非遗保护职责、地方文化共识和多主体参与等基本要素；非遗馆建设应以非遗保护理念为基础，以多元实践方式呈现活态属性；非遗馆不单只是面向社会的宣传教育与知识普及场所，也应在非遗传承与发展的实践中扮演重要的角色，成为非遗传承发展的'试验场'。"[2] 文章结合广东非遗馆等场馆的建设目标与理念对非遗馆的概念、定位和功能进行了论述。笔者认为，随着中国非遗馆及各地非遗馆的陆续开馆，非遗馆建设将进入确立期和发展期。

一、非遗馆与博物馆的区别

国际博物馆协会于 2022 年正式公布了博物馆的新定义："博物

---

[1] 尹凯：《生态博物馆：思想、理论与实践》，科学出版社 2019 年版，第 2、3 页。

[2] 朱伟：《关于非物质文化遗产馆的概念、定位与功能问题》，《文博学刊》2023 年第 1 期，第 112 页。

馆是为社会服务的非营利性常设机构，它研究、收藏、保护、阐释和展示物质与非物质遗产。向公众开放，具有可及性和包容性，博物馆促进多样性和可持续性。博物馆以符合道德且专业的方式进行运营和交流，并在社区的参与下，为教育、欣赏、深思和知识共享提供多种体验。"[1] 这一概念既强调了"物"或者说文物保护的理念，明确了博物馆（Museum）与文化遗产（Cultural Heritage）之间不可割裂的关系；又将遗产明确区分为物质遗产（Tangible Heritage）与非物质遗产（Intangible Heritage）两大类，为博物馆形态及未来发展方向提供了依据。从非遗所包括的工具、实物、文化空间等内容来看，非遗馆与传统意义上的博物馆在功能定位、展示内容和形式上虽有相似之处，但也有诸多不同。二者的主要相同点表现为：首先，都是为了加强对文化遗产的保护与传承，希望通过对文化遗产及其表现形式的展示、宣传，让公众更加了解、欣赏这些宝贵的文化遗产；其次，教育与研究的功能相似，两者都通过举办展览、讲座、培训等活动，向公众普及文化知识，提升公众的文化艺术素养，为相关学者和研究人员提供研究平台和资源。二者的不同点主要表现为：博物馆是对固定的文物的展示，而非遗馆着重于对非遗项目内在价值的形象化和活态化展示。在展示范围与方式方面，博物馆更注重于展现一个地区的整体文化资源，包括文物、建筑、人文景观等；非遗馆则主要关注非遗项目现状与非遗传承人传习情况等。除了博物馆通常所采用的实物展示、影像资料展示外，非遗馆还需要加强现场展示、展演，通过传承人现场传习、演示等活态化展示方法，让观众直观地了解非遗项目的魅力和内在价值。

---

[1] 《遗产展示：博物馆的未来十年》，参见：https://www.chinamuseum.org.cn/cma/detail.html?id=11&contentId=13059。

　　不同的博物馆有不同的专业领域、隶属关系和职能。从专业领域上看，博物馆可分为历史的、自然的、科技的、艺术的、民族的、民俗的、军事的、纪念性的、遗址性的、生态性的等；从运营模式或隶属关系上看，可分为公办的、私有的，或者中央属、省属、地属等；从职能上看，博物馆主要发挥与各类文物有关的收藏、保管、研究、展示、教育等职能，且藏品往往具有极高的历史、研究、审美与经济价值，这与部分非遗馆的藏（展）品的价值具有一致性。"建筑空间＋文物收藏＋专家＋观众＋文化遗产展示"是一般大型博物馆的主要功能定位。如中国国家博物馆的功能职责是"坚持正确政治方向，坚定文化自信，深化学术研究，创新展览展示，推动文物活化利用，推进文明交流互鉴，守护好、传承好、展示好中华文明优秀成果，为发展文博事业、为建设社会主义文化强国不断作出新贡献"[1]。其中，收藏、研究、展示等职能与中国非遗馆的职能具有高度一致性。（图 1-2）

　　非遗馆业务方向主要针对非遗保护领域宣传展示、传承弘扬、振兴创新等措施，主要发挥与非遗相关藏（展）品的收藏、保护、保管、研究、展示、展演、教育、活动组织、文化交流等职能。非遗馆藏（展）品主要对应国家、省、市、县四级名录内的非遗项目，收藏和展示的目标选择需考虑非遗项目的历史价值、审美价值、科学价值等。例如，传统音乐、传统舞蹈、传统戏剧等非遗项目资料的征集，主要包括文本（旧曲谱、民间抄本、老剧本、手抄本等），演出道具和服装、服饰，演出场景、舞台场景的图片，代表性传承人作品，包括音像制品等数字资源。藏（展）品既包括各种与非遗项目相关的器物，又包括影音资料等内容。"非遗宣传展示、展演＋观众＋专家＋传承传习＋文化服

---

[1]　中国国家博物馆官网，参见：https://www.chnmuseum.cn/gbgk/zndw/。

务"是非遗馆的主要职能。如中国非遗馆以"展示非物质文化遗产代表性项目，传承和弘扬中华优秀传统文化为宗旨"，以开展"非物质文化遗产研究、数字化保护展示"，非物质文化遗产代表性项目"精品征集、收藏、鉴定，举办相关展览、演出，开展国内外交流合作，研发文创产品，开展相关社会服务和教育培训为主体业务"。[1]

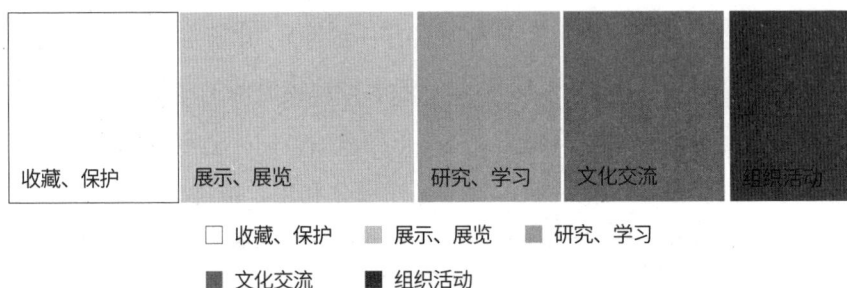

图 1-2 　　　　　　　　　　非遗馆和博物馆拥有的相同职能。

1966 年 11 月，联合国教科文组织大会通过了《国际文化合作原则宣言》，该宣言第一条提出，"各种文化部具有尊严和价值，必须予以尊重和保存"，"所有文化都是属于全体人类的共同遗产的一部分，它们的种类繁多，彼此互异，并互为影响"。[2] 在这一宣言的倡导下，许多国家的博物馆的展览不仅注重展现本国历史文化，而且极力展现其他国家、地区、民族的历史与文化，致力于构建多元文明交融的展览体系。以大英博物馆为例，2018—2019 年就相继推出了"革命遗产：海地革命和杜桑·卢维杜尔""罗丹与古希腊艺术""奈良：日本信仰之美的开

---

[1] 中国工艺美术馆·中国非物质文化遗产馆概况，参见：https://www.gmfyg.org.cn/general/general.html。

[2] 《国际文化合作原则宣言》，参见：http://cn-brand.org/2010/0430/105.html。

始""日本漫画"等展览，范围涉及全世界多个国家和地区的不同风格和类型的文化。区域性综合非遗馆应致力于鲜活呈现当地文化表现形式，弘扬地域文化，从而形成立体化呈现当地非遗资源、传承非遗项目的导览，这样既能发挥文化机构服务民众的作用，又可以发挥非遗在保护全球文化多样性方面的作用。此外，还应通过组织开展各类非遗项目的传习实践，履行社会服务等方面的职能，讲述好"非遗故事"。这也是非遗馆与图书馆、美术馆、艺术馆等机构存在的区别。图书馆虽然能检索部分非遗项目，但不能全面展示非遗；艺术馆和美术馆的展示内容可能会涉及部分非遗项目，但往往只侧重于艺术作品的审美价值和艺术家个人观念的表达，而与非遗相关的传统戏剧、传统音乐、传统舞蹈等则难以在这类场馆中呈现。

总的来说，博物馆和非遗馆都是保护和传承文化遗产的重要机构和平台，虽然它们在展示内容、方式和目标上有所不同，但都在为推动文化多样性和可持续发展做出贡献。正如 2002 年的《伊斯坦布尔宣言》提出，非物质文化遗产的多种表现形式构成了各民族和社区文化特性的一些基本来源，也是全人类共同的财富。它们深深地扎根于当地历史和自然环境，被各种语言铭记，它们是保护文化多样性的一个基本因素。其中关于"各民族和社区文化""保护文化多样性"等关键立场，与《世界文化多样性宣言》的宗旨保持了高度一致。笔者通过实地调研发现，各地非遗馆的藏（展）品数量不足和种类单一是制约非遗馆发挥业务职能的重要因素。美国博物馆专家乔治·布朗·古德说过一句名言："博物馆不在于它拥有什么，而在于它以其有用的资源做了什么。"[1]因此，在藏（展）品数量相对不足或难以支撑场馆展示需求的不利条件

---

[1]　转引自崔卉：《博物馆教育项目的策划与实施》，哈尔滨出版社 2021 年版，第 1 页。

下，非遗馆建设应该遵循依托现有非遗资源拓展业务职能的理念。

二、我国非遗馆的建设现状

全国各地在明确非物质文化遗产馆建设的目标之前，不少地方早已因地制宜开展了以保护非遗项目传承传习为目标的传习所、传习工坊、传习中心等文化空间建设。非遗博物馆、非遗博览园、非遗展示馆、非遗体验馆、非遗传习中心等名称都有被使用。这些场馆既有完全新建的，也有依托各地原有建筑、古街、古村落等建设的。位于成都市青羊区光华大道的国际非物质文化遗产博览园，是一个建设体量大、占地面积大、不同功能的建筑空间多、建设时间早的典型。中国（韶山）非物质文化遗产博览园坐落在韶山红色记忆城 AAA 级旅游景区内，是文化和旅游部重点项目，湖南省唯一集中展示非物质文化遗产的园区。福建省泉州市非遗馆位于泉州市侨乡体育中心内，建筑面积 9000 多平方米，展陈面积 6500 多平方米。该馆的第 2 至第 4 层分别以"物华之美，民间瑰宝""民俗之风，浓情闽南""泉腔之韵，晋唐遗响""天工之巧，匠心营造"四大主题集中展示了泉州的非遗项目。如南音、木偶戏、梨园戏、石雕、木雕、纸织画、木偶头雕刻、彩扎、纸扎、花灯等。位于内蒙古自治区呼和浩特市的莫尼山非遗小镇是 AAAA 级景区，小镇以红色文化、农耕文化、非遗展示、文化交流和舞台演绎为核心，旨在打造成为内蒙古自治区非物质文化遗产展示及交流的重要窗口，面向民间艺人、文化团体及各地域旅游机构，搭建专项非物质文化遗产展示体系，具有综合化非遗展示职能和复合型非遗馆形态。四川茂县、理县等地的羌绣、羌笛传习所，云南傣族织锦技艺的农户式传习所，海南省五指山市黎族传统纺染织绣技艺项目传习展示的非遗工坊等，也都是非遗项目集中展示的小型非遗主题场馆。

此外，以某一种非遗项目为主的场馆也纷纷建成。如以展示雕版印刷技艺为主的扬州中国雕版印刷博物馆，以采用"仓储式"陈列方式展示的20余万片古代雕版版片作为主体馆藏，全方位展示了雕版技艺和历代雕版印刷技术。又如，以展示南京云锦为主的南京云锦博物馆，以展示海南黎族织锦技艺为主的海南锦绣织贝黎锦博物馆，以展示土家族织锦的土家织锦艺术博物馆，以展示云南白族扎染为主的璞真白族扎染博物馆等，都具备了就非遗项目开展传习和宣传展示工作的社会功能。

上述以某一类或某一种非遗项目展示为主的场馆空间，均以非遗项目的传承、宣传、展示，以及与之相关的产品销售为核心功能。在有效加强非遗项目传承的同时，在带动当地民众就业、助力乡村振兴的过程中也发挥了重要作用。依托当地传统手工艺开展的非遗保护传承工作，带动当地人群就近就业的各类经营主体和生产加工点，也是文化和旅游部、人力资源社会保障部、农业农村部（国家乡村振兴局）共同开展非遗助力乡村振兴工作的重要举措。2021年，文化和旅游部办公厅、人力资源社会保障部办公厅、国家乡村振兴局综合司联合印发的《关于持续推动非遗工坊建设助力乡村振兴的通知》，为各地非遗工坊的建设提供了制度和政策支持。截至2023年，各地共建设非遗工坊2500余家，其中1400余家位于脱贫地区，覆盖了450多个脱贫县和85个国家乡村振兴重点帮扶县；2023年，文化和旅游部等部门联合公布了66个"非遗工坊典型案例"，覆盖25个省（区、市），涉及兼具群众基础和市场前景的纺染织绣、雕刻塑造、食品制作等传统工艺类非遗项目，富有地域特色，成为非遗项目成果创造性转化、创新性发展的典型案例，为乡村振兴增添了新动力和新动能。[1] 上述以非遗项目为基础的展示、传习空间和非遗主题场馆的建立为非遗馆建设提供了形式、功能、定位等方面的参考。

我国不少省（区、市）明确以"非物质文化遗产馆"为名建设场馆的工作早在几年前就拉开了帷幕。贵州、四川、浙江、西藏、福建等省（自治区）都已建成专门的非遗展示场馆；西安、南京、苏州、桂林、泉州、温州、无锡、福州、沧州、阿坝等地区的非遗博物馆、非遗展示馆、非遗体验馆也纷纷投入使用。其中，各省非遗馆中具有代表性的当数四川省非物质文化遗产馆（以下简称"四川省非遗馆"）和浙江省非物质文化遗产馆（以下简称"浙江省非遗馆"），它们是国内较早开展建设工作且投入使用的典型。（图 1-3）

早在 2010 年，隶属渭南市非遗保护中心的渭南非物质文化遗产博物馆就已开馆，并于 9 月 1 日开始对社会各界免费开放。浙江省舟山市定海区的定海非遗馆在有限的空间内建设了多个富有文化特色的空间，如非遗剧场、非遗传承人工作室和非遗课堂等，为访客提供了深入了解和学习非遗的机会，非遗剧场还推出定海布袋木偶戏和翁洲走书常态化展演。2023 年，位于江西省赣州市世界客家民俗文化城内的世界客家非物质文化遗产馆建成开放。2023 年，衢州市非遗馆对外开放，该馆采用多种现代化手段，集中展示了衢州 300 项市级以上非遗项目的相关信息。2024 年 4 月，广东省非物质文化遗产馆经过紧锣密鼓的建设也已对外开放，非遗馆建筑面积 2.6 万平方米，展陈面积 1.04 万平方米，包括基本陈列区、专题展厅、传承工坊等三个板块。基本陈列以"人民非遗，时代新彩"为主题，主要展示国家级、省级非遗代表性项目及保

---

[1] 参见《非遗工坊为乡村振兴"铸魂"》，《中国文化报》2023 年 3 月 23 日。

图 1-3 已经投入使用且正在进行非遗项目展示的浙江省非遗馆室内空间（局部）。

护传承实践成果。

各地以非遗为主题、围绕国家文化公园新建的非遗馆也逐渐落成。位于河北省沧州市园博园内的中国大运河非物质文化遗产展示馆（以下简称"中国大运河非遗展示馆"），"总建筑面积 31000 平方米，总展陈面积约为 15885 平方米，呈现大运河流域北京、天津、河北、山东、河南、安徽、江苏和浙江 8 个省（市）的非物质文化遗产精华"[1]。洛阳市的黄河流域非物质文化遗产保护展示中心占地面积约 6.2 万平方米，规划建筑面积约 18.5 万平方米，该项目包括非遗展示馆、非遗书城、非遗学术交流中心、非遗古街等不同功能区域，是一个集珍品收藏、陈列展览、活态展示、教育研学、互动体验、公众服务、创意产业等功能于一体的大型非遗展示场馆。[2]（图 1-4）

上述非遗馆均具备非遗展示、宣传、研究、教育、互动体验、非遗相关文创产品的开发与销售等功能，且大多由与文化和旅游相关的职能部门负责管理和运营，属于较为典型的综合型非遗馆。

---

[1] 《河北沧州：中国大运河"非遗"展示馆里的传统文化魅力》，参见：https://www.news.cn/culture/20240422/b486f24582584edeb5cdc7a3074bb0c4/c.html。

[2] 参见《黄河流域非物质文化遗产保护展示中心：打造黄河文化"新地标"》，http://hh.hnr.cn/hhh_hwh/article/1/1505706758408335362。

图 1-4　　　　　　位于洛阳市的黄河流域非物质文化遗产保护展示中心设计图。重点呈现黄河流域沿河九省（区）代表性非遗项目的全貌和保护成果，并对河湟文化、河洛文化、关中文化、齐鲁文化等文化形态进行整体展现。[1]

———————

[1]　参见《黄河流域非物质文化遗产保护展示中心：打造黄河文化"新地标"》。

三、我国非遗馆的建设类型

笔者通过对全国各地非遗馆的实地调研和对相关资料的搜集整理发现，从非遗馆的建设场所上看，目前我国非遗馆主要有三种类型。

第一种是新立项建设的场馆。如中国工艺美术馆·中国非物质文化遗产馆、中国大运河非遗展示馆、四川省非遗馆、浙江省非遗馆等，它们属于国内具有代表性的大体量综合型非遗馆。

第二种是在原有建筑的基础上改建、扩建而成的场馆。如，河南省拟在原美术馆的基础上建设非遗馆；长沙雨花非遗馆、潍坊市十笏园老街区的非遗空间、龙岩市非遗展示馆等，它们属于利用旧址或原有建筑扩建成的非遗馆。

第三种是依托博物馆、图书馆、文化馆等建设的非遗馆，是在原有场馆内划定专门的区域用于非遗展示，具有多馆合一的功能。如南京博物院非遗馆就是为在原馆内专门选定某一区域用于展示非遗而打造成的非遗馆。

此外，还有一部分是依靠私人或社会机构投资沿景区景点建设的非遗文化空间，其将部分非遗项目成果及文创艺术品摆放在某区域内进行售卖，且多以景区名称命名。这类场所往往无法发挥展示、研究非遗本体和教育等社会服务职能，不能被看作非遗馆。然而，各地建设的非遗传习场所、非遗工坊等场所，虽然体量与规模较小，不具备大体量非遗馆建筑面积和展示内容方面的优势，但是其非遗项目展示及管理运营方式仍有可借鉴之处。

从场馆性质上看，非遗馆又可以分为事业单位性质的非遗馆和非事业单位性质的非遗馆。

事业单位性质的非遗馆由中央或地方行政部门负责建设与运营管理，

是具有社会公益性质的机构。如四川省非遗馆和浙江省非遗馆，目前由所在省非遗中心负责管理运营；中国大运河非遗展示馆因坐落于沧州，目前由沧州文化和旅游局负责管理。各地在艺术馆、博物馆、美术馆、图书馆等场馆内设立的非遗展示空间，因由所在场馆人员负责运营管理，如南京博物院非遗馆，也属于事业单位性质。

非事业单位性质的非遗馆或由企业、协会、旅游景区管理处等社会营利性组织负责经营管理，或由非遗传承人个人负责运营管理。各地景区内的非遗展示空间多由旅游景区负责投资建设，例如四川茂县的古羌城内的非遗项目展示空间、婺源的江湾景区非遗馆、宁波市镇海区非遗馆等。宁波市镇海区非遗馆位于郑氏十七房景区，是宁波市首家建立在 AAAA 级景区内，以非遗为主题，集非遗展示、体验、衍生品创新于一体的综合型场馆。黑龙江省同江市非遗保护中心是赫哲族非遗项目的专题展示馆，整个场馆分为四大特色数字展区，以"数字科技展示 + 传统文化"的展陈方式，通过光影视频等方式讲述赫哲族的传统文化，以高科技手段展示了赫哲族多样且珍贵的非遗项目。同江市非遗保护中心与非遗馆是一个机构，非遗馆总占地面积近一万平方米，整栋建筑以赫哲族"木刻楞"式房屋为原型，体现了赫哲族古老的建筑文化，建筑形态上保留了鲜明的渔猎民族特色。该中心（非遗馆）集展示、宣传、研究、交流于一体，通过静态展示、活态传承、互动参与等形式推动了非遗的活态传承。

目前，由私人（传承人或艺术家等）出资建设并负责管理运营，在符合博物馆建设条件的前提下建立的、以非遗项目展示为主要业务的非遗馆数量较多，但往往存在较大的局限性。如甘肃省肃南裕固族自治县裕固族服饰传承人投资建设的裕固族服饰博物馆、青海省黄南州娘本先生投资建设的唐卡博物馆，以及黄南州夏吾尖措投资建设的胜境热贡艺术苑等。这类非遗展示空间受制于场地面积，管理运营人员数量较少，在接待、导览、宣传等方面也略显不足，但是在展示传承人对持有的非遗项目的研究成果、制作方式等方面相对系统和全面。

综上所述，目前国内不同类型的非遗馆为今后的非遗馆建设提供了建筑形态、运营管理等多方面的参考和借鉴。然而，在空间规划与布置、有效展陈面积规划、展陈环境设计等具体方面仍然或多或少存在一些问题。

第三节

当前非遗馆建设中的问题

　　冯骥才先生撰文提出："现今的非遗博物馆建设，都还处于初创、摸索阶段，没有经验，没有规范，没有众所认同的范本，且博物馆学也没有非遗方面的学科；没有理念，没有规范，难免幼稚粗略，彼此模仿，相互趋同。现在非遗博物馆惯用的展陈方式，多是一个简略的非遗历史展，再加上传承人的技艺演示，手段十分有限，特别是非物质方面的展陈相当乏术。这显然没有达到严格意义上的博物馆展示的标准。"[1]其准确地归纳了目前我国各类非遗馆建设中的主要问题。

一、建筑形态及空间环境与非遗缺少关联

　　建筑，从广义的角度来理解，就是所有人造空间环境的统称。现代建筑空间环境一方面要满足人们对空间功能的使用要求，另一方面还要满足人们的审美需求和精神感受方面的需求。为此，建设者不仅要赋

---

[1]　冯骥才：《非遗博物馆的特性》，《光明日报》2024 年 2 月 18 日。

予建筑以基本的实用功能，还应当赋予它一定的艺术形态，使其拥有美学价值，以满足观众的视觉观感和审美层面的诉求。当然，建筑形态首先要满足其既定的使用目标和功能，任何丢弃了功能主义的建筑都不能算是好的建筑设计。广为大家所认可的著名建筑，如我国的国家博物馆，奥运场馆中的鸟巢、水立方，美国的五角大楼，英国伦敦的圣保罗大教堂，澳大利亚的悉尼歌剧院等，无一不是建筑空间功能完备、建筑形态和周边环境有机结合、展现建筑美学的经典案例。而非遗馆建筑不应只追求以上这些建筑的豪华气派及超大的建筑面积等外在特点，更应该借鉴这些建筑所采用的设计理念。如美国著名建筑师弗兰克·劳埃德·赖特于 1934 年设计的人与自然和谐共生的流水别墅，西班牙毕尔巴鄂造型奇美、结构特异的古根海姆博物馆的陈列品展示方式，又或者是法国巴黎有"文化工厂"之称的乔治·蓬皮杜国家艺术文化中心的外在建筑形态。非遗馆建筑要充分借鉴、吸收建设这些著名建筑所遵循的功能适用、结构合理、绿色环保、艺术性强等方面的设计理念。

建筑形态本身也具备可欣赏和观摩的功能。新建非遗馆应该首先在形式上有所突破，因为"形式作为建筑的外在表现，在不同的时期都受到人们的关注，同时，也是建筑师寻求创新和变革的着力点。建筑的艺术性和文化表达部分是通过建筑的形态要素来实现，人们对建筑的视觉体验主要是通过建筑的形体直接获得"[1]。所以，非遗馆建设应该遵循设计逻辑先明确空间功能。就非遗馆建筑形态而言，首先要具备场馆的基本使用功能，如陈列品展示、藏品保护、研究、教育、办公等；其次，外形和功能均应遵循相关要素，并与当地文化相融合，以确定建筑外观和室内不同空间的面积、风格等，由此最终确定建立一个合理、适

---

[1]　姜利勇、李震：《高层建筑文化特质创意设计》，国防工业出版社 2016 年版，第 142 页。

用的空间。

非遗馆建筑作为用于非遗项目宣传、展示、传习、研究等的空间综合体，建筑形态应该区别于博物馆、图书馆等场馆。新建非遗馆的建筑形态不应过于追求现代感强和体量大，更不能因为追求艺术性而缺失功能性。在改造旧有建筑的基础上建设的非遗馆，由于本身建筑形态和空间环境的局限性，在设计之初就未能与非遗项目展示需求建立起有机的联系，这就需要在内部空间的使用上合理规划。如常见的大型单体式建筑虽然有利于集中展示非遗项目，便于观众全面了解非遗项目，但也可能会存在展品单一、层次混乱等问题，所以从空间和建筑形式上考虑，亦可以选择总分式、组团式、街区式、散点式等不同的布局方式。总分式是以一个主体建筑为主，辅以多个不同的建筑以形成布局；组团式是密切关联形态相同的建筑以形成布局；街区式是在原有街区的基础上形成布局；散点式是随意布置不同形态的建筑以形成布局，但应注重不同建筑之间的关系，规划出合理的观展动线。（图 1–5 至 1–11）

非遗馆建筑在设计之初，需要建筑专业人员、艺术设计专业人员、市政管理人员等多方人员联合论证，明确建筑需求，以强化建筑外观和内在展陈空间形成的对应关系。室内空间中用于展示非遗项目的实物，可以展柜、展墙的方式呈现，但如果全部照搬博物馆的文物陈列、展示方式，就难以让人们把它与非遗主题联系起来，它就会成为非遗外化于"形"的摆设，从而弱化了互动、传习等方面的功能。实物虽然反映了部分非遗项目的形态，但是单纯的实物展示也只会呈现非遗项目被物化后的表象，从而失去了非遗活态展示的内容，偏离了非遗保护传承的目的。基于此，非遗馆建筑设计中还应预留出用于非遗项目表演和现场展示的空间。

图 1-5　　　　　　中国非遗馆，属于单体式建筑。

图 1-6　　　　　　浙江省非遗馆，属于单体式建筑。

图 1-7　　　　　　西藏非物质文化遗产博物馆，属于单体式建筑。

图 1-8　　　　　　四川省非遗馆，属于单体式建筑。

图 1-9　　　　苏州市非物质文化遗产馆，属于组团式建筑。

图 1-10　　　　成都高颐阙国家遗址公园非遗文化博物馆，属于街区式建筑。

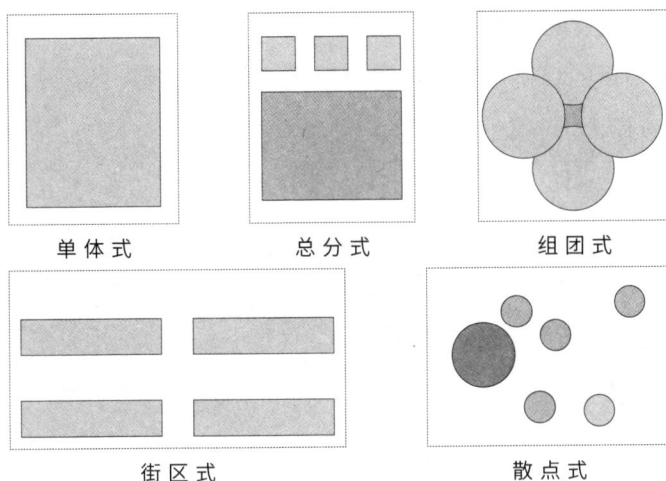

图 1-11　　　　　　　　　非遗馆建设形态平面图。

二、展陈设计难以全面体现非遗特征

非遗是中华优秀传统文化基因的延续，而不是必须依赖新生事物的泛文化，所以"非遗文化这类泛文化"这样的说法是不准确的。不同类别的非遗项目与各民族的生产生活方式密切相关，每一个非遗项目都体现了独特的社会功能与非凡的文化意义，因而非遗项目的展陈设计应该深入考虑为谁展示、展示什么、如何展示等问题。非遗项目展示与艺术的真实表达密切相关，但不少非遗馆的展示过于虚拟化，仅以现代感极强的装饰艺术和搭建式场景对非遗项目进行展示，过分依赖现代技术与手段，弱化了观众对非遗项目本体和内涵的认知。笔者认为，所有展陈内容都应围绕非遗的真实性这一特性，只有贴近真实，非遗项目展示的意义才能最大化体现。

非遗项目的真实性和借助艺术形式呈现的展陈设计在本质上并不冲突，我们认同展陈设计的艺术形式具有一定的虚构、夸张成分，但就非遗项目的展示而言，更应注重其真实性、传承性和活态性等特征的表达，因为对非遗项目全面、真实的展示是其艺术形态的灵魂。"福楼拜认为，艺术的首要品质，它的目的，是幻象；而它的最高境界，则是由幻象引起思索。艺术幻象的营造，首先需要一种由细节准确所呈现出来的现实感，艺术家接受生活中的事实，然后赋予它们美的形体，用它们去创造一个比现实本身更真实的世界。这个世界是'真实的真实'，它是一个由艺术家用现实存在的粗糙素材创造的一个比大众肉眼中的尘世更卓越非凡、更持久永恒也更具有艺术真实的天地。这个天地给读者营造一种幻象，并引导他们进行思考。"[1]非遗馆展陈设计需要借助一定的幻象引导观众走入其中，让他们对非遗项目本体进行认知和思考。

展陈设计需要围绕空间环境、艺术氛围、非遗项目或作品、观众、信息传递这五个要素展开。在技术层面上，数字媒介在很大程度上可以帮助我们模糊真实与虚拟的边界，如利用视觉影像将非遗项目呈现出来，使观众获得虚幻感，但不宜大量应用。因为真实性是非遗最重要的特征，脱离了真实性的非遗就不再是非遗，最多是带有非遗痕迹的某种表现形式。

非遗馆不应是令民众望而却步的"高雅"殿堂，而应是群众文化活动的集聚地和非遗传承的主阵地。新建场馆要充分考虑系统化展示和整体性呈现的原则，改扩建场馆应充分考虑老旧街区规划及旧场馆的改造利用，或者依托文化生态保护区内历史文化古城、古镇、古村落原生

---

[1]　赵红妹：《福楼拜文艺思想与创作实践研究——由书信与作品窥见》，陕西师范大学出版总社2020 版，第 157 页。

态展示非遗项目，真实还原非遗源于生产生活、归于生产生活的本质。此外，不少非遗馆的展陈设计中虽考虑到建立互动和演示区域，但难以让观众深度参与其中，其夸张表演式的展示难以体现非遗项目真正的存续状态。然而，青州市的古城非遗展示街区、云南省的傣族织锦技艺传习所、广西的壮族服饰制作技艺古村落等地展示的都是生于本地、长于本地的非遗项目，这种参考生态博物馆建设理念、使非遗处于自然状态下的展示方式就十分值得推广。又如青海省的唐卡艺术源于本地，传承于社区民众，很多传承人在自己家中建画室、招学员，既加强了项目传承，实现了民众受益的目标，又强化了宣传展示与教育传承的效果。

新建非遗馆采用何种建筑形式，需要事先规划设计，而且在规划论证中就应与非遗项目的展示对应起来。大体量的单体式建筑形式，不一定是非遗项目宣传展示的最佳形式，通过设计总馆、分馆，或将具有地域文化特征的老旧街区纳入联系紧密的组团式建筑，都是非遗馆建设可以考虑采取的建设模式。山东省东营市通过让本市非遗项目融入利津县的老街集市，将老旧村民房屋简单改造后用于非遗项目展示、现场表演、集中售卖的方式，很好地汇集了当地非遗项目，生动地展现了当地非遗项目的原貌。

三、展陈设计未能深度反映非遗内在价值

不少已经投入使用的非遗馆多是对非遗项目进行集中展示，试图体现非遗项目的丰富性，这无可厚非，但为了尽可能多展示非遗项目，而不管是否符合展示要求，将凡是与非遗项目相关的展品统统拿来展示，就容易导致展陈空间缺乏重点，继而让人产生大杂烩的感觉，最终

导致展览主题主旨表达不明，具体表现为缺少明确的区域文化主题、布局缺少主线、形式大于内容等问题。这类现象主要是草拟非遗项目展陈规划文本大纲时论证不够精准、应用于展示的非遗项目分析不到位、展陈空间规划未能联系非遗项目所反映的价值和功能等导致的。

非遗分类是非遗馆展陈设计的基础，设计师可以将我国在长期的非遗保护实践过程中形成的非遗十大门类再进行归纳分析，并与《公约》中的五大门类对应起来，运用不同的形式进行集中展示。如非遗馆可以直接将传统美术类项目的作品、传统技艺类项目的器物和工具等相关实物用于展陈，唐卡、年画、核雕、木雕、各种刺绣等都应涵盖在内。另外，应该专门设置展演区域，满足传统戏剧、传统音乐、传统舞蹈等演艺演出类项目的展示。如设置京剧、昆曲、豫剧等传统戏剧类项目的演出舞台，并利用侗族大歌、呼麦、长调民歌等传统音乐类项目辅助营造空间影音氛围，在单独设计的区域内经过适度创意编排分时段进行展示展演。这要求非遗馆建筑在设计之初就设定好各种不同空间的使用功能，形成合理的区域划分。如传统体育、游艺与杂技类，民俗类项目适合在场馆外（或室内较大空间）划定区域进行展示，并且需要考虑与群众文化活动结合起来；传统医药类非遗项目可多考虑以实物与图文结合、传承人现场诊疗等综合的方式进行展示，诊疗期间可展示中医针灸、推拿等相关非遗项目，所用器具也可以用展示传统技艺类项目时所用的瓷罐、陶器、紫砂等，这种综合的展示方式借助合理的展陈设计深度激活并释放出了非遗项目内在的丰厚价值。

此外，也有不少非遗馆只展示了某非遗项目的部分内容，让人难以感知其全貌。以民俗类项目为例，从春节到端午节、傣族泼水节、京族哈节等非遗项目，以及造纸、瓷器制作、酿酒及各类美食制作技艺类非遗项目，受制于项目本身的复杂性，大多不太适合在固定场馆中展示。又如二十四节气这类非遗项目，我们很难在场馆中去观察太阳运动，认知一年中时令、气候、物候等方面的变化规律。这就尤其需要我们利用合理的设计方法和展示手法，选择最合适的载体和呈现方式，准确呈现这些非遗项目中蕴含的思想智慧。

四、形式与主题脱节、缺乏活态传承等其他问题

非遗项目类别和名称前多加"传统"二字，如类别中的传统音乐，传统舞蹈，传统体育、游艺与杂技等，项目中的中国传统木结构建筑营造技艺、龙泉青瓷传统烧制技艺等。但不少非遗馆展陈设计喜借某种现代的概念取代其传统属性，且未能在非遗馆中营造传统的空间，甚至将非遗等同于文化创意产品的现象也多有存在，这是应该注意的问题。

情景化空间营造是强化人们认知某些事物极为重要的方式。试想，当人们行走在拥有千百年历史的老旧街区、古镇、古村落，看到不同地域、不同民族的绣品，听见传统的戏剧唱腔，乃至品尝到各种地方特色美食时，总是会让人赞叹技艺的精湛，并感慨岁月变迁。这种激发并唤醒人们内心深处回忆的场景的营造，才是非遗馆展陈设计应该追求的目标。就像展示古琴艺术不应仅限于展示乐音，还应反映出"琴曲的标题性、音结构的带腔性、节奏上的非均分性、音质上清微淡远的倾向性"[1]，集中体现中国传统乐器的样貌及汉民族音乐审美等方面的价值。所以在展览陈列时，如果只是为了让人看到古琴，只是用大量现代化的展陈方式展示古琴，就容易走进误区。

---

[1]　国家级非物质文化遗产代表性项目名录：古琴艺术，参见：https://www.ihchina.cn/project_details/12484/。

　　此外，非遗馆建设中还存在展陈规划文本大纲论证欠深入、场馆中缺少互动和沉浸式体验空间、实物类展品对非遗项目的简单仿制、缺乏人与物之间的审美交流、表演艺术类和民俗类非遗项目的展示缺乏内涵等问题，而非遗馆在管理与运营方面尚未形成量化指标体系也制约了其功能的发挥。

　　基于上述问题，非遗馆建设应该遵循建筑规划设计对应展陈需求、展陈大纲对应展陈目标、藏（展）品布置对应项目文化内涵等原则，而艺术设计形式则应全面服从非遗项目，全面开展非遗馆建设和后期展陈设计工作，让非遗馆充分发挥展示、表演、收藏、研究、公共教育、文化交流、传承传播等文化功能。

第四节

非遗馆与生态博物馆

20世纪60年代，一些传统博物馆逐渐意识到需要改变长期以来的运营理念和管理方式以适应社会更多样化的需求。于是一类加上前缀词以表达某种理念的博物馆开始出现，如家乡博物馆、民族博物馆、露天博物馆、邻里博物馆和民俗博物馆等，这些对生态博物馆的创建与建设理念产生了重要的影响。与传统博物馆将可移动的、物化的文化遗产转移到特定的建筑环境中予以保护不同，生态博物馆更注重将各类遗产留在其所属区域，原地、原状、原生态地进行保护、保存和展示，其中广大社区民众的生产生活方式也是生态博物馆的构成要素。英国的彼特·戴维斯认为，"生态博物馆并非只关注当代环境以及我们周围的自然和建筑景观，它除作为空间的博物馆之外，还是关于时间的博物馆"[1]。勒内·里瓦德于1988年提出，将生态博物馆与传统博物馆进行简单对比，可以让我们理解生态博物馆的主要功能。传统博物馆的主要形式是"建筑＋收藏＋专家＋观众"，生态博物馆则强调"地域＋传统＋记忆＋居民"。法国博物馆学家乔治·亨利·里维埃认为，生态博

---

[1]　［英］彼特·戴维斯：《地方感：生态博物馆的理论与实践研究》，龚世扬、麦西译，科学出版社2023年版，第5页。

物馆"通过探究地域社会人们的生活及其自然环境、社会环境的发展演变过程，进行自然遗产和文化遗产的就地保存、培育、展示，从而有助于地域社会的发展"。这一定义较为恰当地诠释了生态博物馆的建设功能与理念。另一位法国博物馆学家雨果·戴瓦兰则认为，"生态博物馆是居民参加社区发展计划的一种工具"，该定义虽然较为片面，但确认了居民与社区和谐发展之间的关系。法国的《生态博物馆宪章》把生态博物馆定义为，"在一定的地域，由住民参加，把表示在该地域继承的环境和生活方式的自然和文化遗产作为整体，以持久的方法，保障研究、保存、展示、利用功能的文化机构"。[1]该定义从形式、功能、建设目的、展示和保护目标等方面对生态博物馆的概念进行了界定，具有较高的权威性和广泛的适用性。

基于上述定义，结合多年来生态博物馆的发展，笔者认为，生态博物馆主要建构人与自然环境、社会环境、文化环境之间的关系，其中既有对它们的保护，又有对这些空间内文物、遗迹、古建筑等的展示，以及对人类生产生活的原生地、自然地的活态展示，具有一定的延续性。安徽省的宏村和西递古镇多年前就已经具备了这些基本特征。当地的居民在古村落中的生活起居，各地的游客和写生画家们的足迹，既是古村落活态、动态环境的组成要素，也是这一系统空间的创造者。其中既有古建筑的原生态样貌展示，又能满足游客对于徽派建筑文化的认知需求，还有古村落内民众制作砚台、木雕、茶叶、徽菜等非遗项目的场景展示，这些展示本身也是民众生活的一部分。所以说，宏村和西递等古村落算得上是我国较具代表性的生态博物馆案例。

国外不同类型的生态博物馆除了拥有传统博物馆所具备的功能外，

---

[1] 尹绍亭：《民族文化生态村——当代中国应用人类学的开拓（理论与方法）》，云南大学出版社2008年版，第17页。

也大多关注到了非遗相关的项目。例如：位于千叶专注于展示日本传统民俗文化的国立历史民俗博物馆，集中展示日本传统工艺技术和陶瓷、漆器、纺织品等的京都传统工艺馆，收藏了丰富的历史文物和艺术品的奈良国立博物馆，将生态保护与非遗融为一体的韩国仁川松岛国际城市生态博物馆等，其中都有与非遗项目相关的展示，体现了生态环境保护、非遗保护等层面的思考。但国外尚未有专门以"非物质文化遗产馆"为名的国家级场馆。

关于世界范围内已建成的生态博物馆，其评价指标体系尚未达成共识。综合分析与生态博物馆相关的词语可知，与文化相关的主要有文化景观、文化遗产、自然与文化遗产、文化传承、文化生态等；与历史相关的主要有历史遗迹、活态遗产、历史故事等；与社区相关的有社区管理、社区居民、社区参与、社区遗产等；与管理运营相关的主要有公共机构、当地居民参与、遗产保护、地方政府、居民主人翁意识、民众意志等。此外，传统风俗、群落共生、地方特色、参与意愿、传统技术和工艺、旅游开发等词语也被较高频次使用。从这些关键词可以看出，生态博物馆更加注重保护自然和文化遗产，且关注社区居民的参与意愿。我国的非遗馆则更加注重政府主导、社区民众的互动与体验，以及社会文化服务等层面，且始终坚持非遗保护工作的职能导向。

一、与非遗馆相关的关键词

（一）非遗本体概念与表现形式

乌丙安先生在《非物质文化遗产保护理论与方法》一书中，通过比较"Intangible"这一单词包含的"无形的""触摸不到的""不可捉摸的""难以确定的""模糊的"五种含义，并结合我国在《非遗法》中关于非遗的定义，认为"触摸不到的文化遗产"显然就表明那是一种"非物质"的遗产。因此，乌丙安先生认为，必须牢牢把握好非遗本体概念，才有可能最终达到保护非遗的目的。笔者认为，非遗至少有两种解读：一种是被定义的"认知遗产"（Heritage in Perception），指在那些与文化遗产相关的公约、宣言、倡议标准的框架下，被联合国教科文组织及《公约》缔约国等机构所"认定""命名"的遗产形式。如"人类非物质文化遗产""国家级非物质文化遗产"等。在我国则具体表现为由政府公布并确认名称后予以确立与保护的项目，如昆曲、古琴艺术、中国书法、苗族古歌、剪纸、年画等 1557 个大项、3610 个子项的国家级非遗项目。非遗馆建设在数据检索、项目导览、理论研究等业务方面，需要重点对应上述认知遗产。另一种是"本质遗产"（Heritage in Essence），即为不同社区、群体，甚至是个人所认可的，深植于内心的，具有自身历史和艺术内在价值的文化财产形式。如中国书法是中华民族历史文脉的核心载体，中国古建筑营造技艺则是中国人思想智慧在建筑方面的非凡实践。广大社区民众虽然对项目名称不一定熟悉，但一直是这些项目的持有者。被确立的认知遗产丰富和强化了本质遗产的价值与功能，二者都可以被认为是非遗的本体。非遗馆在宣传、展示方面需要重点对应上述本质遗产。

在我国 20 多年的非遗保护实践进程中，由于各民族非遗项目丰富且表现形式多样，许多社会民众对非遗始终存在一定的认知误区，认为与非遗相关的表现形式也是非遗本体，或对非遗存在片面化及泛化理解。如错误地把一些非遗项目的片段化技艺、外在符号、形式，甚至是已经流水线生产的产品看作非遗；然而这类与非遗相关的产品，事实上应归于非遗成果和表现形式范畴，如酒、醋、油等这些采用了某种非遗技艺生产出的食品或者现在市场火热的非遗文创产品。非遗馆推广和销售某一类非遗成果和产品时，应注重加强对非遗本体的保护和宣传，让观众透过表面形式去深刻认知非遗项目的内在价值。

（二）非遗领域"社区"的概念

从生态博物馆出现的社会背景分析，其与《公约》中强调的文化多样性保护及"社区"等核心概念密切相关。在联合国教科文组织发布的《保护非物质文化遗产的伦理原则》中，"社区"也是一个高频词。巴莫曲布嫫在《从语词层面理解非物质文化遗产——基于〈公约〉"两个中文本"的分析》一文中提出，"'社区'则是 2003 年《公约》中最具反思性张力的一个术语，尊重社区和社区参与更是实施保护非物质文化遗产'各种措施'的基本前提"；而《实施〈保护非物质文化遗产公约〉的业务指南》中则有"多达 61 处述及'社区'二字，对社区全面参与'非遗'保护做出了更为细致的规定"。[1] 在《公约》中，"社区"是没有共同属性和评价标准的，它是一个宽泛的、非固定的词语。因此，可以将非遗保护领域中的"社区"看成是一个有包容性的、约定俗成的概念。

事实上，随着非遗保护实践工作的开展，"社区""群体""个人"等敏化性（Sensitizing）概念体现出了对非遗活态性特点的包容，甚至在贯穿文化遗产保护工作的国际合作中发挥着重要作用。比如，"社区"不受地理范围、民族、国家等的限制，因此《公约》中并未涉及"民族"概念。2022 年列入人类非遗代表作名录的"枣椰树相关知识、技能、传统和习俗"就是由埃及、阿拉伯联合酋长国、沙特阿拉伯等 15 国联合申报

---

[1] 巴莫曲布嫫：《从语词层面理解非物质文化遗产——基于〈公约〉"两个中文本"的分析》，《民族艺术》2015 年第 6 期，第 66 页。

的。2020 年 12 月 17 日，中国与马来西亚联合申报的"送王船——有关人与海洋可持续联系的仪式及相关实践"项目也是如此。这也说明《公约》更为重视社区范围和边界的包容性，而并未过多强调非遗项目的民族属性。

安德明认为，《公约》中的"'社区'在某种意义上是可以同'传承人'相互置换的一个概念，二者是对同一对象不同侧面的表述"[1]。这也是《公约》对社区民众在参与非遗保护工作时的知情权及被尊重，乃至非遗项目持有人权利的强调，体现了联合国教科文组织力图保障普通人获得权益的目的。随着非遗保护工作逐渐深入，在传承人、保护单位的保障下，社区、群体，甚至是个人的意愿应被充分认识并予以充分尊重已经成为业界共识。杨利慧在《"将社区的声音带到最前沿"：非物质文化遗产保护与社区参与的多重实践模式》一文中提出："社区不仅应当最大限度地参与从确认、清单编制、保护措施的规划和实施以及开展申遗实践的整个过程，而且应当在其中发挥主要作用，成为所有保护措施或保护计划的中心以及入选名录 / 名册之后的主要受益方。"[2]

对非遗保护中的"社区"最直白的解释就是，它是一定的社会区域，既包括地理区域，又包括非遗项目主体传承群体的生产生活区域，与居民聚集地、项目传承流布范围密切相关。如我国广西壮族自治区的天琴艺术，传承的地域范围主要集中在广西崇左、防城港等地，这里的"社区"指的就是一定的社会区域，相对具有宽泛性。但天琴艺术在崇左市辖下凭祥、龙州等地的唱词及所用器具等具体的表现形式又存在一

---

[1] 安德明：《非物质文化遗产保护中的社区：涵义、多样性及其与政府力量的关系》，《西北民族研究》2016 年第 4 期，第 77 页。

[2] 杨利慧：《"将社区的声音带到最前沿"：非物质文化遗产保护与社区参与的多重实践模式》，《云南师范大学学报（哲学社会科学版）》2023 第 6 期，第 46 页。

些细微的差别，这就与历史上不同社区范围内不同群体的不同传承情况有关。一般意义上，这些非遗项目流布范围及其族群、民众所在区域就是非遗领域中的"社区"。如我国基诺族是云南省的世居民族，基诺族民众的聚居区和生产生活区域就是他们所在的"社区"。所以说，非遗馆与生态博物馆所关注的社区主要是指一定的社会区域，但也具备《公约》中"社区"的包容性等特点。

（三）公共文化空间与作为非遗项目的文化空间

"文化空间"是近些年来文化研究领域使用频率极高的一个词语，在《公约》中是非遗项目的一大类别。如博逊地区的文化空间、亚饶－戴高文化空间、埃尔弗纳广场的文化空间、巴拉文化空间、佩特拉和维地拉姆的贝都人文化空间、塞梅斯基的文化空间与口头文化、基努文化空间、帕兰克－德－圣巴西里奥的文化空间、铜锣文化空间等。这些文化空间类非遗项目，既是不同国家、民族的区域文化和民族习俗、仪式的典型代表，又包括指定范围内社区民众参与的典型民族文化活动事项。乌丙安先生认为，"'文化空间'概念的提出及其在非物质文化遗产保护中的广泛应用，是文化圈理论和方法在新世纪的创造性的新发展"，现在关于"文化空间"定义是，"一个可集中举行流行和传统文化活动的场所，也可以定义为一段通常定期举行特定活动的时间，这一事件和自然空间是因空间中传统文化表现形式的存在而存在的"；联合国教科文组织北京办事处的文化官员埃德蒙·木卡拉认为，"文化空间是一个人类学的概念，它指的是传统的或民间的文化表达方式有规律性地进行的地方或一系列地方"，[1] 不是某一具体的地点。从文化遗产的角度看，"地点"包括人类

---

[1]　乌丙安：《非物质文化遗产保护中文化圈理论的应用》，《江西社会科学》2005 年第 1 期，第 105—106 页。

利用思想智慧创造出来的一切具有文化意义的物质存留地，例如遗址、遗迹、古城镇之类的地方。国内多数学者认为，"文化空间"是指由某个民族或地域的民众创造的、延续下来的举行传统文化活动的区域，也是为举行某种特定的文化事件所选定的区域。通俗地说，就是社区群体认可的、约定俗成的、定期举行文化活动的场所。在《中国非物质文化遗产普查手册》中，文化空间被定义为定期举行传统文化活动或集中展现传统文化表现形式的场所，兼具空间性和时间性。

在中国知网上以"文化空间"为主题搜索到的文献资料达9000多条，涉及公共文化空间、城市文化空间、乡村文化空间、虚拟文化空间等具体内容。每一种细分的文化空间类型都有不同的解释，同时定义也在逐渐演变。有学者认为公共文化服务发展的趋势是从单一的政治性空间逐渐演变为多样化、复合化、公共化空间，提出当代文化空间具有多重功能的观点；也有学者以乡村文化空间的演变过程及其所反映的乡村治理模式与社会变迁的关系为主题，归纳出文化空间呈现出从国家层面延伸到民众生活需求的发展逻辑。从场馆功能的角度来看，有研究人员提出图书馆、美术馆等传统公共文化空间应该具有开放性、平等性、公益性和人文性；还有学者认为，一类文化空间是传统意义上举办文化活动事项的环境或场所，另一类文化空间则是复合型的新型公共文化空间，这类文化空间因为社会发展的需要衍生出了功能性、审美性、现代性和艺术性等时代特征。何义珠在《新型公共文化空间：概念、生成过程及结构》一文中总结了新型公共文化空间概念的生成过程，提出"公共是指文化服务对象具有公共性的存在状态，文化空间是一个物理空间也是一种文化形式，与特定的历史场景、文化活动、文化产品和用户密切相关"[1]。乌丙安先生在《非物质文化

---

[1]　何义珠：《新型公共文化空间：概念、生成过程及结构》，《图书馆理论与实践》2023年第4期，第42页。

遗产保护理论与方法》一书中指出，不能对文化空间进行随意描述，非遗保护中的文化空间是有所指代的。"通俗地说，非物质文化遗产的'文化空间形式'是指按照民间约定俗成的传统习惯，在固定时间和场所举行传统的、大型的、综合性的民族民间文化活动"[1]，如庙会、歌会、祭典等，都是非常典型的文化空间。这是基于非遗保护中涉及的文化空间类非遗项目所做出的概念界定，具有特指性。

我国在非遗保护实践进程中多把文化空间类非遗项目看作某一特定空间内所有非遗项目组成的整体，并对其实施整体性保护，具备形式的多样性、丰富性和内容的复杂性等特点。文化空间并没有取代某个非遗项目，而是对具有关联性的多个项目进行整体性保护。如祭典仪式会涉及史诗、神话、传说等民间文学，仪式中所用的器具，进行的焚香、敬酒等活动也都与文化空间密切相关。笔者认为，文化空间除了表现为举行文化活动的场所之外，更重要的是突出了社区民众的社会实践及文化认同。本书认为，非遗馆建设中所涉及的文化空间，应当兼具作为公共文化服务的活动场所和非遗项目类别两个维度。

二、文化遗产的形式与类别

广义上的文化遗产是人类一切文化活动的遗存，既包括物质类的文物、遗址遗迹等，也包括非物质类口传心授的技艺、技能等。二者之间虽有明显的区别，但也有一些共性因素。非物质文化遗产与物质文化遗产都源自人类长期的实践创造过程，属于人类创造能够留存下来的广

---

[1] 乌丙安：《非物质文化遗产保护理论与方法》，文化艺术出版社 2016 年版，第 47 页。

义上的文化遗产，二者都是人类创造的智慧成果。离开了人的参与，它们就都不能产生，更谈不上长期存在。物质文化遗产主要是人工的、有形的、物质形态的遗产，这些遗产是不可再生的；非物质文化遗产主要是精神层面的、无形的遗产，包括技艺技能的创造、融合、创新、延续等，许多非物质文化遗产都是可以不断融合、创新并再生和延续的。二者之间的主要区别表现为如下方面。

1. 从定义角度：非物质文化遗产是指各民族人民世代相传并被视为文化遗产组成部分的各种传统文化表现形式，以及与传统文化表现形式相关的实物和场所；物质文化遗产可以理解为有形文化遗产，主要包括历史文物、历史建筑（群）和人类文化遗址。

2. 从性质角度：部分非物质文化遗产具有"非物质"的不可物化呈现或表达的属性；而物质文化遗产呈现给大众的是它凝固的甚至是不可移动的"物质"形态，如各类遗址遗迹。如果将物质文化遗产看作"固态文化遗产"，与之对应，非物质文化遗产则可以表述为"活态文化遗产"，鲜明形象地体现出这类文化遗产的本质特征。

3. 从形态角度：非物质文化遗产的主要特征是活态流变性，如许多非遗项目是依靠口传心授的方式进行传承；物质文化遗产则表现出以一定物质材料为基础的固有形态，且往往长久地存在于一定的文化空间内。当然，传统美术、传统技艺类非遗项目中"与之相关的实物、工具"也具有物质文化遗产的特征。

4. 从存在领域角度：非物质文化遗产以一种或多种非物质的知识技能、思想认知等形式存在于人的精神记忆中，主要表现为人们对生产方式和生活方式的理解，一段时间内具有恒定性，但从历史发展的角度看是创新、变化的遗产；物质文化遗产则是以某种恒定的物质形态存在于人类所处的环境中，但也能因其价值而对人产生精神引导作用。

5. 从保护方式角度：非物质文化遗产的特性决定了保护的主体包括人，具体对象是非遗项目传承人，因为只有人才能有效传承非遗；而物质文化遗产的特性决定了保护的方式是考古发掘、收藏、加固、修复等，保护的对象是文物、遗址、遗迹等文化遗产。

三、以北京非遗为例的文化遗产系统性保护

近些年来，我国不少历史文化名城依托自身的文化遗产资源和历史文化街区，结合非遗项目进行了系统性保护，尤其是统筹保护有形的物质文化遗产和无形的非物质文化遗产成效显著。北京作为我国的首都，也是重要的历史文化名城，其3000多年的建城史和800多年的建都史，决定了该地文化遗产资源丰富，民族交流交往交融密切，"京韵""京味儿"浓郁。北京许多非遗项目往往衍生于古建筑群落，具有显著的地域文化属性，既有反映都城宫廷艺术形式的历史遗存，又富含显著的京畿文化圈特色。北京非遗保护借助各类古建筑群落、历史园林等文化遗产的保护经验，在这个基础上做出创新实践，提升了地域文化的多样化和包容性。北京现有226座不同类型的博物馆，综合类博物馆如中国国家博物馆、故宫博物院、首都博物馆等；自然科技类博物馆如国家自然博物馆、中国科学技术馆等；文化艺术类博物馆如中国美术馆、中国工艺美术馆·中国非物质文化遗产馆、北京石刻艺术博物馆等。多年来，北京非遗保护借助博物馆多样化的资源，加强了与非遗相关的系统性保护与宣传，推动了非遗成果的转化与合理利用，取得了良好成效；此外，也形成了依托古都历史文化环境，让非遗融入人民群众文化生活，以促进社会和谐发展的新模式。

为加强对各类文化遗产的保护、宣传与利用，北京市在博物馆等城市文化空间中进行了多样化展示。2007 年第二个"文化遗产日"期间，我国非遗项目珍稀剧种展演活动在民族文化宫大剧院、全国政协礼堂举行；历年来，恭王府博物馆组织举办的羌绣与服饰展、文化生态保护区建设成果展、文房四宝展等活动，大力宣传展示了北京乃至全国各地独具特色的非遗项目；2023 年 10 月 22 日，首届北京国际非遗周在全国农业展览馆开幕，集中展示了约 40 个国家的近 500 个非遗项目。

北京市非遗保护取得成效得益于对各类文化遗产进行的系统性保护。北京市人民政府印发的《2024 年市政府工作报告重点任务清单》中，围绕"全面加强历史文化保护传承"提出了一系列工作任务。其中重点包括：锚定北京中轴线申遗目标，扎实完成国际审查、公众参与等主要任务，推动实施核心区首批文物腾退保护利用计划项目，加强胡同历史古迹保护与开放利用；加快推动故宫北院区和周边配套建设，巩固拓展"三山五园"国家文物保护利用示范区创建成果；强化大运河文化保护传承利用，推进北京地区琉球遗存保护工作，分类分批对长城本体及附属文物进行抢险和修缮，抓好中国长城博物馆改造提升工程，修复永定河重要文化景观，完成琉璃河考古遗址公园一期建设等。这些保护传承措施，一是强化了对历史遗址遗迹等物质文化遗产的保护，二是有效推动了与文化遗产资源密切关联的非遗保护工作。此外，与北京历史名园相关的非遗项目一般具有较高的历史、文学价值，也是不可多得的文史资料。但因从农业社会发展到现代化、信息化社会产生了巨大变化，类似天坛传说、颐和园传说、香山传说等非遗项目的传承保护面临较大困境。因此，在现代社会环境中，我们应更多关注这类项目的保护与传承。

四、非遗馆与生态博物馆的关系

生态博物馆的产生，可以追溯到 20 世纪初北欧国家为保护乡土文化而发起的博物馆运动。向云驹先生认为，该运动的宗旨是，"以一个特色文化乡村为核心，将其视为一个活态的、生态的、天然的博物馆。在这个文化空间里，它的文化节日、集市贸易、婚丧嫁娶、民居民宅、表演游戏、歌舞弹唱、玩具器物等各种有形与无形文化、物质与非物质文化都是其文化的一部分，并以此吸引外来游客，发展一地的旅游经济"[1]。实际上，目前在欧洲较为多见的露天博物馆就呈现为这类博物馆的形态，如瑞士的巴伦伯格露天博物馆；我国各地许多以古城镇为基础打造的旅游景区也具备上述博物馆的特征，如丽江、宏村、西递、婺源等地的历史名村名镇。国内外均有以自然生态环境为基础、以生态系统保护为目标建设的生态博物馆，如比利时国家植物园、韩国仁川松岛国际城市生态博物馆及我国北京市大兴区南海子麋鹿苑等，但与非遗或民俗文化活动并没有太大关联。

苏东海先生认为，"生态博物馆的思想是博物馆中的一种新思想，是独立于传统博物馆之外的一种崭新的思想"，"生态博物馆运动是由一些富于理想主义色彩的激进的博物馆专业人员推动起来的，他们对传统博物馆无情的批判，对生态观念的热情追求和深入社会基层的实践精神，奠定了生态博物馆的思想基础"。[2] 尹凯在其《生态博物馆：思想、理论与实践》中就生态博物馆的定义、功能、操作与评估模式进行了研究，其中有一处是关于生态博物馆的散文化解释。

---

[1] 向云驹：《解读非物质文化遗产》，宁夏人民出版社 2009 年版，第 248 页。

[2] 苏东海：《生态博物馆的思想来源及其在中国的传播》（摘要），《中国博物馆》2006 年第 3 期，第 27 页。

生态博物馆是一个由公共部门和地方群体所形成的工具。公共部门提供专家、设备和资源，当地群体的参与则是经由其本身的抱负、知识和个人方式而定。

生态博物馆是一个工具，可以反映地方群体本身的观念，发现其本身的形象，能找寻到其所在的领域和其祖先在时间或连续的年代限制下的解释。

生态博物馆是一面镜子，是当地群体拿来供游客更清楚地明白其本身的工业、习俗，并争取值得重视的认同。

生态博物馆是人类和自然界的表现，它将人类置于其自然环境中。生态博物馆除了描述人工未施的自然界，也对传统和工业社会影响下的自然的形象加以描述。

生态博物馆是时间的表现，从人类出现之前、史前的、有历史记载的时代，最后达到人类的现在。它亦能提供对将来的想象，它并不刻意要形塑决策，其功能仅在于提供信息和精密的分析。

生态博物馆是对空间的阐释，这里的空间指的是一些可供停留或休憩的特殊场所。

生态博物馆是一座实验室……[1]

上述段落就生态博物馆作为工具、人类和自然界的表现、时间的表现、实验室等多个方面所进行的描述，全面涵盖了生态博物馆的建设形式、功能、意义、价值等内容。英国人彼特·戴维斯认为，"生态博物馆并非只关注当代环境以及我们周围的自然和建筑景观，它除作为空

---

[1] 尹凯：《生态博物馆：思想、理论与实践》，科学出版社 2019 年版，第 55—56 页。

间的博物馆之外，还是关于时间的博物馆"[1]，具有历史的维度。生态博物馆是时间的表现，涉及环境变迁中人们试图留存回忆，并试图保护自然与建筑周边环境，以建立起人在这一时空场域中对过去的眷恋和对旧环境的归属感。要素中既有历史故事、文化活动的延续，也有因为时间变化而形成的环境变化，还有人身处其中的心理变化，如一年中四季变换造成的景色差异，身处朝阳或暮色中人的心境变化等。因此，无论是生态博物馆还是非遗馆，都需要把文化、历史与自然结合起来，以解释自然环境与人类的相互关系，证明人是自然的一部分，而不是游离于自然之外。

　　生态博物馆串联的对象不仅是自然地点及文化遗产的具体展示物，还包括建筑景观、群体观念、人文记忆、认同感、传统文化、习俗表达等，这些要素共同诠释了生态博物馆的特殊性。与传统博物馆相比，生态博物馆更加注重展示文化遗产的原生状态，并试图尽量不做改变，维持一定社区环境内场域空间的固有面貌，这与非遗馆的展示原则具有一致性。美国民俗学家芭芭拉·科尔申布拉特-基布列特就展览的整体性、阐释性和意义提出了"在原处"和"在场景"两种展示策略，"在原处"指的是将展示物品置于所在原场景的整体性环境内，"在场景"指的是将展示物品置于博物馆中通过技术搭建成的框架场景内。显然，生态博物馆内陈列品的展示更适用于"在原处"的展示理念。

　　20世纪90年代初，帕特里克·博伊兰总结了生态博物馆的五大特征：1.地域（地方文化形态或文化事项）；2.文化遗产收藏、展示的分散化（一定空间环境内文化遗产的自然存在与分散布局）；3.跨学科（历史学、生态学、文化遗产学、博物馆学等多学科）；4.观众主体（当地的社

---

[1]　[英]彼特·戴维斯：《地方感：生态博物馆的理论与实践研究》，龚世扬、麦西译，科学出版社2023年版，第5页。

区民众和外来游客一起构成博物馆空间内的主体）；5. 所在地和社区参与意识（所在地民众和社区参与是形成生态博物馆建设的前提）。这五大特征也成为生态博物馆建设应遵循的基本原则。其中，地域、跨学科、观众主体和社区参与对非遗馆的建设提供了参考。

生态博物馆理论的提出，在全球范围内促进形成了保护生态环境的意识，并让博物馆从保护宏观的文化遗产逐渐转向对社区环境、群体参与、文化认同等多方面的关注。但由于民众迁徙、不同社区人员生活习俗的差异、社会的快速发展、自然因素对建筑及景观造成的影响等，即便是在较小的城镇和社区内，生态博物馆希望达成的系统化、全面化保护各类文化遗产这一目标也较难实现。法国文化部原部长雅克·朗认为，"在这新一代的博物馆中，物件依然处于其原来的背景之中，见证着某一特定文化、人口群体和物理环境"[1]；而放眼全球，当今世界虽然已经拥有300多家生态博物馆，但仍存在资金短缺、政府政策易变等诸多方面的问题。刘渝在《中国生态博物馆现状分析》一文中批判性地举例指出，"梭戛生态博物馆的村民从建馆之初难以启齿向游客出售自家的产品，发展变化到追着游客高价出售外地生产的伪劣民族旅游商品。生态博物馆沦为了'农家乐''风情村寨'，给博物馆形象带来了难以估量的负面影响"[2]。类似问题应在今后生态博物馆或依托景区而建的非遗馆的管理运营中加强注意。

国外生态博物馆的管理运营模式呈现出多样化并不断创新的特点。有的生态博物馆已经从对生态环境和文化遗产的保护转移到对非遗的保存与展示上，且强调非遗的活态传承及其与社区、观众之间的互动状态。国内外生态博物馆的管理运营模式主要有如下五种。

---

[1] [美]爱德华·P.亚历山大、[美]玛丽·亚历山大：《博物馆变迁：博物馆历史与功能读本》，陈双双译，译林出版社2014年版，第135页。

[2] 刘渝：《中国生态博物馆现状分析》，《学术论坛》2011年12期，第208页。

　　商业化运营模式：通过举办民族或民俗文化特色活动，运用开发文创产品等方式吸引游客，在生态博物馆内设置以专门的文创产品或地方特色商品为主的销售场所，且以店铺租赁或自主经营的方式直接获取经济收益。这种模式有利于生态博物馆衍生出自我造血机制，实现长期可持续发展；同时，也为与非遗相关的文创产品提供了更大的销售平台。如河南省开封市清明上河园景区既有门票的直接收入，又在景区中增加了开封非遗特色美食产品和文创产品的专门销售区域。

　　公私合作模式：由政府、企业和社会组织共同参与生态博物馆的建设和运营。这种模式能够充分发挥各方优势，共同推动生态博物馆建设和文化遗产的保护传承工作。政府提供政策引导和资金扶持，企业和社会组织则发挥技术、人才和市场等方面的资源优势。这种模式需要制定切实可行的章程，明确各方的职责，避免在运营管理中出现权责不明等问题。

　　社区参与模式：这类生态博物馆强调与社区居民紧密合作，鼓励社区居民和非遗传承人参与保护、传承和展示工作。这种模式不仅加强了博物馆与社区的联系，还使得民俗文化活动更加贴近民众生活，增强了博物馆非遗项目的活力，提高了观众的体验感和参与度。如新疆西南部喀什地区的喀什古城景区，它是世界上仍在使用的最大规模的以土为材料的建筑群落，广大社区民众长期生活在古城内，从以烤馕为主的食品，到铁艺、陶器、乐器等具有民族特色的技艺技能、生产工具都在有序传承。古城入口处开展的新疆传统舞蹈、阿凡提与巴依老爷的故事等文艺表演，都有当地群众的直接参与，不少百姓也在城中经营自己的陶器店、乐器店，民众的生活与经营活动已融为一体。2015 年，喀什古城景区被批准为 AAAAA 级旅游景区，浓郁的民族文化氛围吸引了来自全国各地的游客，成为社区参与模式下生态博物馆的典型。（图 1-12）

　　数字化管理模式：随着网络媒体科技的发展，越来越多的生态博

图 1-12　　　　喀什古城景区中的新疆歌舞表演是当地民众直接参与非遗传承活动的生动体现。

物馆开始采用数字化管理模式，通过数字化技术实现资源的收集、整理、保存和展示等工作，完善区域内的环境监测、人流量管控等方面的管理。这种模式不仅提高了生态博物馆的运营管理效率，还为观众提供了更加便捷、丰富的参观体验。同时，数字化和网络媒体技术的应用也为生态博物馆宣传、展示各类项目提供了更加多样化的方式。非遗馆建设也应更加注重采用数字化运营管理模式。

国际交流与合作模式：不少生态博物馆通过开展国际交流，与其他国家的博物馆等文化机构建立合作，共同开展生态博物馆的国际化发展工作。这种模式有助于扩大生态博物馆的国际影响力，促进不同国家和地区之间的文化交流与交往。

上述生态博物馆的运营与管理模式不仅有助于强化民族、地域文化的影响力，而且有助于区域内非遗的保护与传承，极大地推动了其他类型博物馆的建设。

　　国内与非遗相关的生态博物馆大多建在地域文化浓厚的地区，如贵州、云南、内蒙古、西藏等省（自治区）的少数民族聚居区。在生态博物馆的问题上，单霁翔先生认为，"我国的生态博物馆，大多数是建立在西部民族地区偏远的贫困山村，在经济发展水平远远没有达到一定的富裕程度，文化发展水平也尚未达到自己创办生态博物馆的意识条件，于是一些生态博物馆是在当地民众对自己的文化没有一定的自信和认识的情况下建立的，'官办'色彩浓厚，由外来力量主导，村庄民众并没有举办生态博物馆的主动性和积极性，或者只是出于希望在生态博物馆的名义下能够摆脱贫困"[1]。贵州六枝梭嘎生态博物馆位于六盘水市六枝特区与毕节市织金县交界处的群山之中，是亚洲第一座民族文化生态博物馆。贵州省西北部生活着苗族的一个支系，那里的妇女每逢盛会或者特殊的场合，会用一把长角木梳将头发绕以黑麻毛线束成巨大的牛角形发髻，且身着刺绣和蜡染制作的服装，他们属箐苗支，又被称为"长角苗"。那里的长角苗居民至今仍保持着男耕女织的生活状态，民族习俗的内涵十分丰富，婚嫁、丧葬、跳花坡等习俗尤为独特，民族文化活动内容的一大部分都列入了当地的非遗项目。此外，2004 年，广西建立了南丹白裤瑶生态博物馆；2005 年，内蒙古建立了达茂旗敖伦苏木古城蒙古民族生态博物馆；2006 年，云南省在西双版纳傣族自治州建立了西定布朗族生态博物馆；2014 年，浙江湖州市安吉县遵循中国美丽乡村建设政策，探索一村建一个乡村非遗馆，建设了没有围墙的非遗馆，这些均属于为进行当地文化内容原生地保护而建设的生态博物馆。（图 1-13 至 1-14）

　　我国的生态博物馆之所以有一部分被定义为民族生态博物馆，是

---

[1]　单霁翔:《关于浙江安吉生态博物馆聚落的思考》,《中国文物科学研究》2011 年第 1 期, 第 3 页。

图 1-13　　　　　　　　六枝梭戞生态博物馆入口处（图片源自网络）。

因为少数民族地区的文化生态受社会现代化进程影响相对较小，各类文化遗产保护保存状态较好，具备原生地保护的基础。苏东海先生认为，"有什么样的文化遗产就有什么样的博物馆，文化遗产多样化就带来了博物馆的多样化。藏品多样化促成了形形色色的博物馆出现"[1]。日本学者大原一兴认为，生态博物馆是在对传统博物馆贵族化、都市化、国家意识及文化遗产垄断等方面反思和批判的基础上出现的产物。生态博物馆的状态不是静止的，它们处在不断的发展、评估和变化中，由生活在当地的居民主导着发展方向，"在系统地研究过去、现在和未来地区环境连续性的同时，这些人必须足够明智，以便做出与地区的认同感相协调的方向性决定。同时，作为一个教育机构，生态博物馆

---

[1]　苏东海：《博物馆的时代主题、时代特征与博物馆的发展走向》，《中国文物报》2007 年 5 月 18 日。

图 1-14 梭戛生态博物馆的传统民居建筑与自然环境有机结合。

在培养这些聪慧的居民方面应该是很有效的"[1]。在某种程度上，传统博物馆与生态博物馆分别主要关注的贵族文化与平民文化，殖民文化与原住民文化，都市文化与乡村文化，国家体制与民族习俗，垄断性、排他性与文化多样性等因素，无一例外地突显出不同文化遗产的不同保护方式，因而也决定了非遗馆与传统博物馆在建设目标与职能定位方面的迥异。

　　无论是生态博物馆还是非遗馆，都关注"人"与"物"之间的互动关系。生态博物馆环境中自然且真实的居民生活，可以让观众真切感受到人与环境之间的互动关系，建筑、器物也因人的存在而有了特殊的

[1] 中国博物馆学会编：《2005 年贵州生态博物馆国际论坛论文集：交流与探索》，紫禁城出版社 2006 年版，第 182 页。

意义；而在非遗传承人参与、实践的过程中，也有效完成了非遗项目在非遗馆环境中的真实呈现。非遗项目的呈现方式不可能一成不变，尤其在现代社会环境中，一旦传承人离开了固有的地域，其生产所用的器物、工具也会很容易被替代，赖以生活的独特技艺也就会面临丢失、无法传承下去的困境。

在社会快速发展的时代背景下，传承人很难一直生活在一个地方，也不可能只在一种方式和状态下展示自己掌握的非遗项目。所以现在传承人一般会面临这种情况：人们希望非遗项目保持完全的原貌，包括原环境，但是传承人希望改变自己的生活环境及某些非遗成果形式，以期获得更多的经济利益和个人影响力。传承人只有通过自身的实践与创新，其物化的或外在的成果才能得以转化为能创造经济收益的产品，而强调非遗项目的活态性、过程性、真实性，实则是在强调传承人的主体作用。希望传承人维持原传承状态完全不变并不符合时代发展规律，非遗项目良好存续的真正前提是传承人真实而自然地开展传承，而不是一些观众所期许的仅让传承人成为物化存在的"标本"。2020 年，笔者在云南省西双版纳傣族自治州傣族园风景区的民族传统建筑保护村寨调研期间发现，当地傣族民众一直都生活在家族世代居住的村寨里。村寨为典型的干栏式建筑，用竹木和砖墙建造形式，为了防潮、防虫，第一层不住人，第二层住人；户与户之间以半人高的竹篱隔开，自成院落。傣族园主景区有曼将、曼春满、曼听、曼乍、曼嘎五个傣族自然村寨，村寨居民将贝叶经制作技艺、傣族织锦技艺、象脚鼓舞、傣族泼水节等非遗项目融入了日常生活场景中。西双版纳傣族园真实呈现了集傣族历史、文化、宗教、体育、建筑、服饰、饮食等于一体的民俗生态旅游村落群。游客在西双版纳优美的自然环境和居民的生活环境中真实地感受到了傣族非遗项目中蕴含的民族艺术魅力。

上述这类按照民族传统风格建立的传统村落，因有当地居民原汁原味地展现本地的非遗项目，并在生产生活中有序传承，所以要比将非遗项目纳入高大上的场馆宣传展示更具活力、更加真实、更具感染力。当地长期以来形成的聚居村落、民族文化活动和非遗项目，在原始文化空间中自然且真实的展示，是云南省各民族聚集地区呈现的典型生态博物馆形态。民族类非遗项目的生动展示也让当地的旅游市场更具吸引力，促进了当地的经济发展，丰富了人民群众的文化生活。（图 1-15 至 1-17）

图 1-15　　云南省普洱市孟连傣族拉祜族佤族自治县勐马镇勐马村的傣族山神舞表演者。这是该地特有的舞种，已沿袭了千年之久，每年傣族泼水节等重大节庆时人们都要跳山神舞。舞者的服装是用芭蕉叶编织而成的，编织者需要掌握高超的编织技艺；舞者佩戴的拟兽面具由泥土制型，表面粘糊傣族纸，再涂上油彩制作而成；穿的鞋子类似木屐，由竹制作而成，随着动作变换，会发出清晰的节奏韵律。由于地处偏远，傣族民众在那里繁衍生息，令人震撼的山神舞在那里得以传承存续。但受社会环境快速发展的影响，如今，只有勐马镇勐马村贺哈小组的傣族村民仍艰辛地传承着这一傣族习俗。

图 1-16　　　基诺族民众在当地景区内表演经过创编的基诺大鼓舞。基诺族是云南省人口较少的 7 个民族之一，主要聚居于云南省西双版纳傣族自治州景洪市基诺山基诺族乡及四邻的勐旺、勐养、勐罕，它也是我国最后一个被确认的少数民族。基诺山寨是全国唯一一个最全面、最集中地展示基诺文化的景区。基诺族没有文字，只有语言，能歌善舞的基诺族民众以舞蹈、音乐等方式不断传承着本民族的历史文化习俗，大鼓舞便是基诺族人民在长期共同生产、生活中创造出来的文化表现形式。2006 年 5 月 20 日，基诺大鼓舞经国务院批准列入第一批国家级非物质文化遗产名录。

图 1-17　　　云南省普洱市澜沧拉祜族自治县老达保村寨内拉祜族居民依然保留着诸多本民族的习俗，大人和孩子们身着自己民族的服饰跳芦笙、弹吉他，在自己的村寨里自然且真情流露地进行展演活动，抒发内心的丰富情感。

虽然不少国家通过生态博物馆的建设，加强了对与文化遗产相关的非遗项目的保护，但国外并没有"非遗馆"这类称谓；我国是因为意识到非遗保护的重要性及非遗在加强文化自觉、坚定文化自信方面的重要作用，才陆续开展了非遗馆建设。我国的非遗馆建设具有特殊性，存在因新的历史时期国家加强非遗保护工作的要求急迫但各地非遗展示条件、设施方面受到限制而产生的问题。为落实加强《公约》履约实践工作和强化我国非遗保护时代要求的具体实践工作，各地在推进非遗馆建设进程中，往往受制于经济发展不均衡、非遗项目藏（展）品难以有效征集、管理运营机构人员编制混乱等现状。此外，我国各民族、各省（区、市）的非遗项目形式千差万别，不同民族、地区的生态环境也具有显著的差异性。建设非遗馆是各地保护不同民族、地域文化表现形式的重要举措，这要求不同地区的非遗馆建设提炼总结自身的文化特色，有针对性地选择建造地点，更加适宜地为展示非遗项目的特色提供服务。非遗馆建设需对应不同级别、不同门类的非遗项目展开，在履行宣传、展示、教育等职能以外，也发挥作为公共文化设施的功能，让更多民众享有参观、交流、学习、研究等方面的权利。

五、生活化保护理念

非遗只有融入生活才能长久传承。李荣启在《非物质文化遗产生活性保护的理念与方法》一文中提出："非物质文化遗产的生活性保护，不是要民众简单地回到过去的生活状态中去，而是要在动态延续发展中，在与民众生活的不断调适中，方能形成非物质文化遗产与人们生活新的融通关系。"[1]生活化保护应该成为抢救性保护、生产性保护等非遗保护方式的必要补充，被纳入非遗保护工作和传承实践的视野。笔者认为，非遗生活化保护"是指非物质文化遗产及其表现形式在所依附的文化空间中，由持有主体基于日常生活所进行的自发与自觉的保护，以及传承客体对非遗项目了解认知后的认同与传承。生活化保护既是非遗项目传承主体生活习俗与生活方式的真实反映，也是其表现形式或成果反馈并作用于相关社区、群体以及个人日常生活的过程。生活化保护作为非遗项目其他保护方式的必要补充，既是一种既往存在，也是一种保护理念的延展，对于非遗项目的未来保护与传承具有引导性、调适性作用。生活化保护既是对抢救性、生产性和整体性方式的必要补充，也是对数字化和法制化保护方式的完善"[2]。

生活方式的改变以时代的发展变化为脉搏，并不以个人的意志和喜好为转移。辩证地看，社会发展引起的生活方式的改变，一方面影响了某些非遗项目的存续状态，另一方面也为很多非遗项目营造了现代的存续环境。虽然很多非遗项目因为经济发展、生活方式改变等原因逐渐走向"被保护""被抢救"的境地，甚至面临濒危的不利情形，但这不代表这些项目的社会功能和重要价值就不存在了，它们一直存在于文化遗产与人类生活的相互关系中，只是所依附的生活方式不再是主流了而已。非遗项目随着人们生活方式的改变而变化，一方面是因为生产力、生产关系的变化带来了经济发展和时代进步，另一方面是因为世界文化逐渐趋同化的缓慢过程导致了思想的变化。

例如，传统技艺类项目中的竹编、草编，以及土家族吊脚楼营造技艺、客家土楼营造技艺等，在人们生活方式不断改变的情况下，逐渐

---

[1] 李荣启：《非物质文化遗产生活性保护的理念与方法》，《艺术百家》2016年第5期，第38页。

[2] 张志颖、张晓明：《试论非物质文化遗产的"生活化"保护》，《民艺》2020年第3期，第25—26页。

呈现出需要通过抢救性保护才能得以延续的现状。究其根本原因，乃是人们生活方式的改变加剧了这一过程。又如，当今人们日常生活中计算机、手机等电子产品的使用，让算盘不再成为生活的必备物品，继而珠算文化也因此淡出了民众的生活，步入被保护的境地；更别说纸制品的工业化生产让很多传统造纸技艺被迫改变了流程，塑料制品的大肆使用让竹编、柳编技艺传承人群体越来越少，精美的少数民族服饰也逐渐被批量生产的现代服装代替。凡此种种，都是人们生活方式的改变导致的。基于此，对于民间文学、传统技艺、民俗这些难以通过生产性保护方式被挽救的非遗项目，应按照"合理利用"的原则让其重新回归人们的生活，通过生活化保护强化其存续空间和传承方式。

　　然而，非遗项目因为生活方式和社会需求而产生的变化，也激发了人们探究项目本质、了解及感受项目传承过程的欲望。以唐卡为例，人们不再满足于只是欣赏其体现出来的精湛的绘画技艺，还希望了解绘画所用矿物质颜料的种类、了解绘制流程，甚至度量经在唐卡绘制中的重要作用等。在我国很多经济或交通相对不够发达的边疆地区及部分少数民族地区，仍然能看到保留了本真样貌的非遗项目。这也正是因为上述地区的民众千百年来的生活方式受外来影响较小，项目传承环境依然存在。如塔吉克族婚俗、叼羊（维吾尔族叼羊）等许多非遗项目仍然在以其固有的方式得以存续，而且这些项目大多是以非表演式的方式在新疆塔什库尔干地区传承。这也是很多非遗项目具备主体文化自觉、自信的见证，对传承和弘扬各民族优秀传统文化起到了尤为重要的作用。

　　生活化保护既是一种宏观意义上的保护理念，也是对其他保护方式必要的补充和完善，在推动非遗融入生活方面具有重要意义。对于诸多非遗项目而言，只有在生活中得到了广泛使用，才能被保护并延续下去，脱离了使用的保护是"死"的保护，在现实生活中的保护才是"活"的保护。20世纪六七十年代，人们在日常生活中常用的箩筐、渔具、菜篮等器具，与现代的塑料制品相比，因为不够便利、难以携带等原因渐渐被淘汰，也因此造成竹编、柳编等技艺的传承面临濒危。这些非遗项目既不适合单纯的抢救性保护，也不能仅仅依靠数字化保护完成影像留存，而应该通过改变这些项目在当代生活中的应用场景，结合全社会的环境保护要求，加强现代人对项目实用价值和审美价值的认知，以破除传承困境。例如，使用瓷胎竹编技艺制成的茶杯既保留了瓷器原有的审美功能，又发挥了竹子的实用价值，人们喝茶时因竹子的隔温作用而不再烫手，成为非遗项目保护传承和创新利用的案例，也是生活化保护方式的当代实践。又如，春节期间粘贴于门（窗）楣上的装饰物——过门笺，也称"挂钱""门吊"或"花纸"，作为一种传统剪纸艺术，其既具有装饰作用，在节庆时又能承载民众的祈福愿望，在山东潍坊、临沂、枣庄等地的传承由来已久，剪纸（莒县过门笺）更是于2008年获批准列入国家级非物质文化遗产代表性项目名录。此外，中国剪纸、灯彩、年画等非遗项目也正是因为其朴素的装饰、吉祥的寓意等生活功用，才得到不断传承与创新。综上所述，这些一直延续下来的、根植于民众生活习俗的非遗，假如失去了其应用环境，也就失去了保护的基础。

02

非遗馆建筑形态及布局形式

建筑，是空间环境发挥其主要功能的基础和灵魂。建筑艺术具有反映经济发展、社会生活、文化气息和精神面貌等方面的作用和功能。建筑综合体，又称"综合体建筑"，是指多个功能不同的空间组合而成的建筑形态。《美国建筑百科全书》（*Encyclopedia of American Architecture*）认为，建筑综合体是在一个位置具有单个或多个功能的一组建筑。建筑的形体、空间布局、结构造型、材料材质，内外空间组织、比例、尺度、色彩、质感等共同组合起来会带给人一种独特的视觉感受。历史上不同时期的建筑艺术与它所处的时代、地理环境、气候，以及人们的生活习俗密切相关，同时又受到材料、结构、施工技术的制约。虽然现代建筑技术的发展可以满足人们建造不同形态、体量的建筑的要求，但是，非遗馆建筑不应过度追求特异的形态和大体量，而应注意将实用功能和审美价值相结合，并与所处的文化生态和文化表现形式紧密贴合。

英国著名建筑师杰弗里·勃罗德彭特把建筑的深层结构归纳为："第一，建筑是人类活动的容器。第二，建筑是特定气候的调节器。第三，建筑是文化的象征。第四，建筑是资源的消费者。"[1] 不同地域中的建筑形式不同，不同文化中的建筑风格亦有异，应不同需求而建造的建筑空间构成更是各有特点。中国的寺庙和西方的教堂风格迥异，中国各地的民居建筑风格与西方民居的建筑风格也大相径庭；中国南方多雨的气候与北方干燥的气候也导致南北方住房在建筑形态上有很大区别。《易传·系辞传下》载："上古穴居而野处，后世圣人易之以宫室，上栋下宇，以待风雨，盖取诸《大壮》。"这里的"以待风雨"强调了建筑的初始功能，表达了古人超然洒脱的心境。

建筑需因地制宜，因势而建，方可形成人与所处自然环境和谐共生的空间。我国传统建筑大多是根据人与自然息息相通、命脉相系的理念而建造的，各地不同历史时期建造并留存下来的古建筑、古村落，多强调人与自然和谐共处的观念。中国古人在选择建造地址时，往往会遵循顺应自然、顺风顺水的风水观。自然是建筑存在的背景，人在建筑内可"以待风雨""修身养性"，与自然和谐相处。如安徽以宏村为代表的皖南古村落中的建筑因为遵循因地因时而建的理念，历经千百年风雨，仍被完整保存至今，不仅成为安徽区域文化的核心标志，也是人们公认的宝贵文化遗产。

随着日新月异的科技发展和建筑材料性能的提升，几乎任何充满了奇思妙想的建筑形式都可以成为现实。当下，设计师在建筑设计中对自然元素的使用越来越多，如"长城脚下的公社"中日本设计师隈研吾设计的"竹屋"，各地民宿中的"石屋""木屋"等，均大量采用了天然的建筑材料。需注意的是，建造这类建筑不应简单地挪用或生搬硬套大自然中的材料，而是既要考虑到建筑形式与自然环境的结合，又要从便于

---

[1] 转引自曹艺凡、于淼祺：《建筑创新与传统文化的协同发展研究》，北方文艺出版社 2022 年版，第 54 页。

人们使用的角度出发，设计出坚固、实用、美观的建筑。非遗馆建设首先要遵循建筑艺术的一般原则，考虑到建筑的形式、材料、空间布局与功能的对应。无论是新建，还是在旧有建筑的基础上改建或重建，都应注意不要破坏原有的自然环境和文化遗迹，而应融入当地的整体环境，争取成为当地具有历史文化特色的标志性建筑。

第一节

建筑形态与非遗场馆的关系

现代建筑原有的单一使用功能已经多维度、全方位地向外拓展，且增加了更明显的艺术功能，在此过程中，世界各国的超大体量建筑层出不穷，建筑综合体也广泛出现在现代大中城市的建设中。建筑综合体分为单体式和组群式两种类型。单体式建筑是指一幢建筑内各层或一层内各个房间的使用功能不同，整个建筑是一个既有分工又有联系的空间，如北京饭店、中国尊、中央电视台总部大楼等；组群式建筑是指总体设计、功能、艺术风格相同的多个建筑共同组成一个建筑群，整个建筑群的各个建筑之间有机协调、互为补充，融合多种功能于一体，如北京故宫博物院，苏州园林，曲阜的孔府、孔庙等。由于人们对现代建筑的体量和功能均有诉求，世界上很多超大体量的单体式建筑往往也已经具有综合化、多样化的功能。如亚洲第一大（一说"世界第一大"）单体式建筑成都新世纪环球中心其实是由多栋建筑组成的，且每栋建筑的功能不同，只是在所有建筑外加了一个超大型的玻璃外墙，形成了类似于单体式建筑的外观。非遗馆建筑既可以是单体式的，也可以是组群式的，只要建筑形态符合功能要求、建设理念遵循建筑设计的基本原则即可。

一、建筑形态与功能的适用性

不少建筑领域的学者早就意识到，建筑形态的泛国际化和城市建筑形态的趋同化导致城市建筑开始缺失地域文化特色。多年前，单霁翔先生曾以一组在不同城市十字路口拍摄的看起来极为类似的照片为例证，指出了各城市由于建筑形体极为相似，从而缺失了城市特色这一问题。美籍华裔建筑大师贝聿铭先生曾深度对应每个地区的文化特征，以北京的香山饭店为开端，设计了一个又一个令人赞叹的中国本土风格建筑，如香港中银大厦、苏州博物馆和澳门科学馆等，他始终贯彻着表达中国风格、传递中国文化的理念。苏州博物馆对未来我国非遗馆的建设具有很好的参考意义。苏州博物馆的地理位置十分特殊，东邻原太平天国忠王府，北与世界文化遗产拙政园相对，南与苏州民俗博物馆及狮子林相望。因其与厚重的历史文化空间相邻，所以如何解决历史文化与现代科技的衔接和融合是一个难题。"贝聿铭在整个设计中，充分考虑了新馆与忠王府、拙政园等相邻周围环境的关系，承袭了苏州民居粉墙黛瓦的基本元素，运用母体重现，协调色彩统一，保留了与临近建筑的统一色彩，塑造与周边环境相一致的苏州民居风格。"[1]无论是艺术特色还是功能结构，苏州博物馆都是极为经典的博物馆建筑设计案例。

苏海滨在他的硕士论文《中国传统建筑元素在现代博物馆建筑设计中应用初探》中写道："建筑与基地环境的协调，还应该包括尊重基地的场所精神、基地周围的建筑环境，新建筑应该成为基地区域的和谐一员。从某种意义上说，新建筑的风格体型在很大程度上是由基地及周围的建筑环

---

[1] 黄宇琼：《以贝聿铭苏州博物馆为例谈中国现代建筑设计》，《山西建筑》2008 年第 27 期，第 53—54 页。

境来决定的。"[1]建筑本体与周边环境共同构成某一空间的总体面貌，会让人产生丰富的视觉印象，当然也会受到自然环境的色彩、建筑与周边环境的对比等带来的影响。如北京首都博物馆的建筑外形主要由矩形围合结构、椭圆形外立面和金属屋顶三部分组成，建筑外立面虽然大量采用了现代建筑材料，细节部分却可以传达出中国传统建筑形态的韵味，使得该建筑与周围现代风格的建筑既有对比但又不失协调。又如苏州博物馆采用中国传统南方园林的建筑布局，以院落式结构营造建筑空间，以园林式设计手法实现各空间之间的有序贯通，且自然又巧妙地将苏州建筑文化融入其中，以鲜明的苏州园林元素强化了建筑的中国风格，既不失艺术个性，又将博物馆的功能与地域文化、馆藏特色等恰当地融于建筑环境之中。

二、建筑形态与非遗展陈需求结合

20世纪50年代末，西方建筑开始追求现代主义理念，营造了大量富有现代感、时尚感与科技感的建筑形态，一定时期内满足了人们对建筑多样化功能的诉求，但也在一定程度上导致人们产生了不悦感，人们不禁觉得，城市就是由钢筋、水泥、混凝土构成的冰冷丛林。这些建筑无法满足人们内心回归自然与感受当下的心理需求。此后，越来越多的建筑设计师逐渐意识到这一问题，从而在建筑设计中重新审视人与自然环境、建筑的关系，寻找建筑存在的本质意义。建筑师们开始"不满足于拼凑变形的历史母题或仅对几何形式做更精致的处理，而是希望发掘各种建筑形式中更具本质的内在意义，结合社会条件和工程技术，从而创造出与人们内心产

---

[1] 苏海滨：《中国传统建筑元素在现代博物馆建筑设计中应用初探》，西安建筑科技大学硕士学位论文，2008年，第22页。

生共鸣的新形式"[1]。从博物馆建筑形态与功能结合方面看，"1991 年开放的陕西历史博物馆基本可以算一个标志，被普遍认为是中国博物馆快速发展的起点，从建筑到陈列展示都有了令人欣喜的进步"[2]。陕西历史博物馆各展室中空间布局合理、参观路线有序顺畅、文物陈列主次分明、展厅环境简洁朴素，甚至连照明和灯光设计都既满足了展示的基本要求，又为观众提供了一个舒适的整体光环境。此外，上海博物馆的建筑以其疏朗开阔、通透宽敞的空间环境给人们留出了想象空间，营造了古典与现代结合的意境，让人们得以产生良好的视觉体验，其建筑形态、空间布局等方面都有效地对应了展示内容和民众的观展需求。

非遗馆建筑是为展示非遗所包含的内在思想与人类智慧而服务的，不同类别的非遗项目与各民族的生产生活方式密切相关，每一个项目都体现着非凡的社会功能与文化意义。所以建筑本身和展陈设计都应该从为谁展示、展示什么、如何展示入手。非遗馆建筑空间是明显区别于商业建筑空间的，因为非遗项目的展示应重点体现活态展示、展演及文化生态保护的理念。

非遗项目十大门类对应着不同的文化表现形式和人类不同的思想智慧表达。民俗类、传统美术类和传统技艺类主要展示项目中蕴含的美学思想和审美价值，除了本身蕴含无形的价值外，作为遗产表现形式的物化的作品也一样拥有价值，如玉雕、剪纸、年画、刺绣等作品都体现了传承人精湛的技艺。这些项目可以陈列在一定的空间中予以展示。演艺类相关项目包括传统舞蹈、传统戏剧、曲艺、传统音乐，主要的价值在于其传承延续的思想智慧和根植于人们内心的民族文化、深厚感情，如

---

[1]　刘雅仪：《基于建筑现象学的博物馆体验式内部空间研究》，华南理工大学硕士学位论文，2016 年，第 14 页。

[2]　孙淼：《中国艺术博物馆空间形态研究》，中国艺术研究院博士学位论文，2009 年，第 26 页。

锅庄舞、呼麦、安塞腰鼓等，这些项目需要有专门的用于展演的空间环境，如果只通过图文介绍，很难让观众体会到其中蕴含的深刻的文化自信。传统体育、游艺与杂技类项目中蕴含了丰富的民间娱乐、体育运动及强身健体方面的知识。民间文学类项目则集中代表了千百年来我国民间口口相传的语言和思想智慧，它们都需要展示空间和多样化的宣传措施。传统医药类项目包括治病救人的方法，以及人类对生命与健康的认知，不仅需要通过医药材料的样本来展示，更为关键的是要展示传承人的问诊等相关活动。基于不同类别非遗项目的展示需求，非遗馆建筑可以在综合各类别非遗项目异同点的基础上，分别考虑展示环境的营造和展陈布局方式的设置。

非遗馆的建筑形态和展陈设计应从非遗项目类别入手，参照、借鉴生态博物馆的建设；同时，不同地方的非遗馆建设应该在深度分析地域文化特色的基础上，找出最为合理的建筑形态。笔者认为，由于非遗项目类别较多，且表现形式各异，各地非遗馆采用组群式建筑综合体更为合适。例如，河南是典型的中原文化、农耕文化区域，非遗项目多与人们的生产生活习俗密切相关，从新石器时代彩陶文化到殷墟青铜器，从甲骨文到河图洛书，如何整体性描绘、展示这些文化遗产与非遗项目的关系，是该地非遗馆建设需要考虑的关键；又如内蒙古是典型的草原文化、游牧文化区域，该地非遗馆的建设可以考虑利用蒙古包营造技艺这一特色鲜明的非遗项目在建筑形式上寻求突破；再如边疆地区和少数民族聚居地区，非遗馆建筑除了要有美学意义上的考虑外，更要从中华民族共同体意识的层面出发，注重文化资源的发掘和文化符号的选择，并将其合理地体现在非遗馆建筑形态中。同时，在选择民族的文化符号和利用某种艺术形式时，要充分尊重各民族的风俗习惯。

非遗馆建设应该注重建筑本身与其坐落环境之间的关系，根据周边的建筑形态、自然环境和居民数量等因素进行设计。过于标新立异的建筑形态往往会给周边环境带来不良的影响，而一个体量适度，外观形态与周边自然环境、建筑环境有机融合，又不失自身特色的建筑，会为非遗馆整体形象的确立奠定基础。中国非遗馆与中国大运河非遗展示馆虽然都以非遗项目的展示为主，但各自通过建筑形态、色彩、材料等方面的选择强化了建筑本身的特色，同时也有机地融入了周边环境。（图 2-1 至 2-2）

图 2-1　　　　　　　　中国非遗馆外观设计图。其为单体式建筑，运用适宜的色彩、材质塑造了大气、简约的外观造型，恰当地融入了周边环境。

图 2-2　　　　　　　　位于沧州市的中国大运河非遗展示馆外观鸟瞰图。该馆具有隋唐时期建筑风格的恢宏和稳重，总建筑面积 31000 平方米，总展陈面积约为15885 平方米。展示馆共三层：一层为大运河全域非遗总览和沧州非遗保护成果展，展出了大运河流经的北京、天津、河北、山东、河南、安徽、江苏和浙江 8 个省（直辖市）的非遗代表性项目；二层为大运河生活美学展、非遗技艺体验和研学馆及大运河非遗玉雕馆；三层是大运河非遗数字体验馆。自 2023 年 5 月开馆以来，已接待游客 67 万多人次。

图 2-3　位于扬州三湾风景区的中国大运河博物馆。该馆总建筑用地约 13.3 万平方米，总建筑面积约 7.9 万平方米，集运河文物收藏、展示、研究、教育于一体，兼顾旅游休闲与对外文化交流，是由江苏省文化和旅游厅直属管理的公益性事业单位。该馆建筑由张锦秋院士领衔设计，采用传统与现代相结合的新唐风建筑风格，由展馆、内庭院、馆前广场、大运塔和今月桥五部分组成。建筑整体雄浑质朴、错落有致、形体俊美，建筑的结构和功能都体现了中国传统风格，恰当地满足了非遗项目的生动展示需求。

中国大运河博物馆于 2021 年 6 月 16 日建成开放，展览以"运河带来的美好生活"为总体定位，设有"大运河——中国的世界文化遗产""运河上的舟楫""因运而生——大运河街肆印象"三个常设展和"世界知名运河与运河城市""运河湿地寻趣"等六个专题展，还有"河之恋"数字化沉浸式展览、一个展演传统戏曲的小型剧场、一个青少年互动体验项目和两个临时展厅，通过传统与现代展示手段相结合，以多样化的展示方式，全方位地展现了大运河的历史、文化、生态和科技面貌。（图 2-3）

福州市的福建省非物质文化遗产博览苑设在三坊七巷，坐落于南后街 82 号叶氏民居内。"三坊七巷为国内现存规模较大、保护较为完整的历史文化街区，是全国为数不多的古建筑遗存之一，有'中国明清建筑博物馆'的美称。"[1] 博览苑以传统历史街区、古建筑、古民居为场所，建筑面积达 2321 平方米，包含明、清、民国三个时代的建筑风格，形成了非遗与文物保护相结合的模式，与北京天坛、故宫等建筑在非遗项目保护方面有异曲同工之妙。

非遗馆建筑形态应深度对应所在地域的文化特色，注重表达非遗项目中的思想与文化内涵，并将其深度应用于场馆划分、展陈空间设计等各个方面。

---

[1]　何微:《"非遗"展示馆特色建设初探——以福建省非物质文化遗产博览苑为例》,《艺海》2019年第 8 期，第 154 页。

第二节

非遗传承传习场所

全国各地兴建的非遗传承传习场所之所以被更常见地称为"非遗传习所""非遗传习基地"或"非遗工坊"等，而不被称为"非遗馆"，是由两个局限性条件决定的。其一是这类空间比目前已经建成的非遗馆的体量、面积都要小很多；其二是这类空间大多以某一类或单独某个非遗项目的传习为主，缺少全面的数据信息。例如，青海省热贡文化生态保护区内建设的唐卡展示馆、传习所、博物馆，甘肃省肃南裕固族自治县私人建立的一些裕固族服饰展示馆，广西东兴市的京族独弦琴传习展示空间，云南省基诺族村寨中以织锦项目的传习与展示为主建立的一些场所等。这类空间显然不具备非遗馆全面、综合的功能，并因受限于体量、展示内容、管理运营人员数量等条件，难以系统、全面、集中地展示某一区域或民族的大量非遗项目；但这类空间也并非毫无优点，其对某一类或某一种非遗项目的展示效果往往较大型非遗馆更加深入，展示形式也更为灵活，管理运营也更为高效。

上述非遗传承传习场所主要有如下几种类型。

一是由政府主导并组织建设的非遗基地。例如，北京市海淀区建立的曹氏风筝工艺坊、绣花鞋技艺工作室、中国京西皮影非遗园等非物质文化遗产传承展示基地；山东省潍坊市打造的非遗技艺传习所、非遗工坊、非遗展示中心等；山东省安丘市青云山民俗游乐园中建设的与安丘泥人、安丘年画等非遗项目有关的多个非遗技艺传习所。这类空间多是当地政府为非遗传承人免费提供的工作、传习场所，可以协助传承人完成非遗文创产品的销售工作和研学的任务。

二是由私人投资、相关部门协助打造的类似私人博物馆的非遗空间。如浙江省绍兴市的越红·绍兴非遗客厅，其通过集中发掘和展示绍兴非遗资源，为满足人民群众个性化、定制化的消费需求，以市场化手段推广与销售非遗作品和非遗文创产品，推动了绍兴市部分非遗成果的产业化和市场化发展，完善了非遗生产和消费的新链条，促进了非遗成果的不断优化和创新利用，成为城市文化消费、深化非遗与旅游融合发展、引领传承人转型和不断创新的优秀案例。又如出生于非遗唐卡之乡青海热贡吾屯的中国唐卡画师夏吾尖措在自家宅基地改扩建的，集唐卡绘制、传习、展示于一体的非遗空间，受到了相当广泛的社会关注，让唐卡艺术更深入地走进了大众视野。（图2-4至2-6）

三是各地为推动非遗走进景区而建设的非遗展示空间，作为景区旅游资源的一部分，其是为丰富景区内容而服务的。如江西婺源歙砚传承人汪亮在婺源篁岭景区设置的砚台展示、售卖空间，四川夹江竹纸制作技艺传承人陈秀君女士建立的状元纸坊等。这些传习展示场所在宣传地域文化、民族文化，展示非遗项目，推动非遗传习传承方面发挥了重要作用。如今，全国各地陆续涌现了一些地域文化与非遗项目特色完美结合的展示案例。（图2-7至2-8）

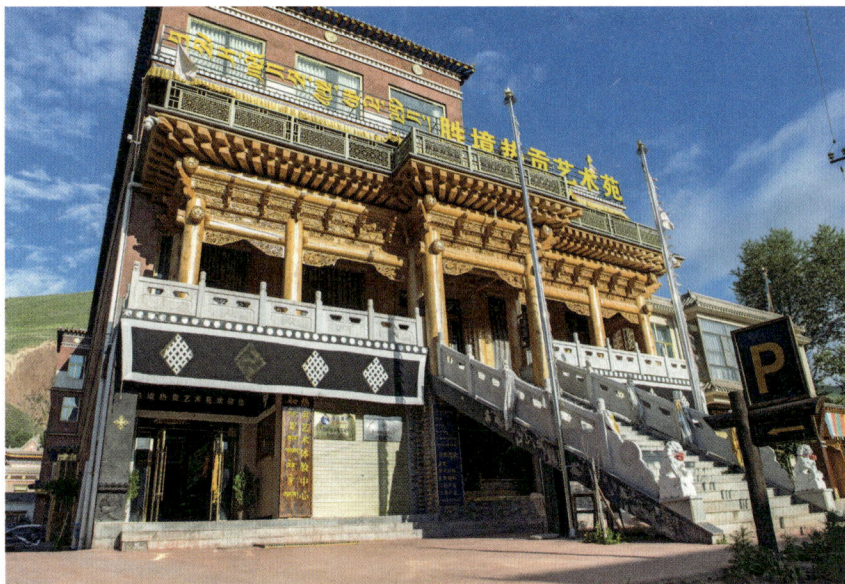

图 2-4 　　位于青海省黄南藏族自治州同仁市由夏吾尖措及其家族共同投资建设
　　　　　　的胜境热贡艺术苑。建筑外观采用了钢筋混凝土的框架结构及传统的
　　　　　　木结构技艺，与周边环境统一协调；建筑内部空间既有展示厅，也有
　　　　　　传习和研修空间。（供图：夏吾尖措）

图 2-5 　　胜境热贡艺术苑除了有唐卡的相关展示外，还展示了绘制唐卡所用的
　　　　　　各种矿物质颜料。（供图：夏吾尖措）

图 2-6　　　　　夏吾尖措在胜境热贡艺术苑绘制唐卡，开展非遗研学活动，来自全国
　　　　　　　　各地的学生在观摩学习。

图 2-7　　　　　四川夹江竹纸制作技艺中的纸浆制作场景。夹江竹纸制作技艺从选料
　　　　　　　　到成纸历经 15 个环节、72 道工序，是古人智慧的体现，制成的纸张
　　　　　　　　韧性强，易于表现水墨画的晕染效果，广受书画艺术家的喜爱。夹江
　　　　　　　　竹纸目前仍旧采用传统的造纸技艺，为减少环境污染，当地采取集中
　　　　　　　　统一制浆的方式，后续的捞纸、刷纸、晒纸等过程仍由人工按照传统
　　　　　　　　流程完成。2006 年，夹江竹纸制作技艺列入国家级非物质文化遗产代
　　　　　　　　表性项目名录。

图 2-8　　　　　　四川夹江县状元纸坊以非遗研学的方式，针对当地的中小学生和全国
　　　　　　　　各地造纸技艺爱好者开展造纸技艺的宣讲、实践与体验。

　　虽然上述用于传习、展示非遗项目的建筑外观和展陈形式存在一定的主观性和随意性，也因人力、财力、物力投入不足等原因而存在展示效果欠佳、运营维护难度较大等问题，但这些场所仍然较为集中、全面地展示了某一单独非遗项目的概貌。由于这类非遗传习、展示空间大多是传承人亲自负责管理运营，他们对某些非遗项目相对全面的认知，确实让观众深度了解和认知了某些非遗项目，也便于更多的人就某些非遗项目开展交流活动。此外，这类场馆中收藏和展示的展品通常具有较高的研究价值，如青海的唐卡大师娘本收藏的各类古唐卡、云南贝叶经制作技艺代表性传承人收藏的历史上流传下来的古本贝叶经等。

第三节

作为城市文化综合体的非遗馆建筑

　　近年来，随着我国城市人口数量的大幅度增加，城市发展的程度不断提高，人们不仅对城市大中型建筑综合体的功能性要求越来越高，而且对建筑综合体内各部分空间的功能、体量和规模等方面有了更细致的要求。传统的单体式建筑已经难以满足人们对现代化建筑的多功能要求，所以许多城市中逐渐出现了集多种功能于一体的组团式建筑或建筑群，如集商超、美食、文化娱乐于一体的综合商城，集室内设计、家具展示、装饰材料销售于一体的装饰材料商城；具体如郑州市郑东新区的标志性建筑之一河南艺术中心，以及北京市的 798 艺术区、首钢工业遗址公园等。此类建筑综合体往往位于城市的中心或副中心，具有多样化、综合化的建筑功能，发挥着重要的城市文化宣传作用。而不少省（区、市）在建或已建成的非遗馆，也大多成为城市文化综合体，具备较为完善的功能。

　　建筑综合体拥有的多样化功能是城市文化建设和市民文化需求发展到一定程度的产物。如由于观众人数逐年增多，中国国家博物馆曾面向全球征集设计方案，并经过严格的论证确认设计方案，适度改变了现有的建筑空间形态，增加了展示空间，以容纳更多的观众。中国国家博物馆改扩建工程于 2007 年 3 月正式动工，2010 年底基本竣工，2011 年 3 月逐步恢复开放，"改扩建完成后的国博建筑面积近 20 万平方米，是原来面积的三倍，库房容纳量达到 100 万至 120 万件，面积在 800 ~ 1000 平方米的展厅有 44 个……为世界上建筑面积最大的博物馆"[1]。

目前，我国的非遗馆建筑多坐落于一线城市的中心或副中心，为现代城市居民提供非遗相关的基础知识普及等公共文化服务。非遗馆建筑空间在满足非遗项目所需的保护保存、宣传展示、学术研究、互动交流等功能的同时，也具备了复合化的形态构造。虽然由于建设时间不长，大型综合型非遗馆尚未有长期积累的观众数量、展览需求等方面的数据反馈，但已有不同功能有机组合、相互贯通的空间系统，所采用的建筑材料和科技水平也不断提高，且已具有与城市区域内办公综合体、商业综合体、文化综合体类似的发展趋势。

建设大型综合型非遗馆时，必须充分考虑到其作为城市文化综合体需拥有的多样化功能。例如，浙江省非遗馆、浙江省博物馆之江馆区、浙江文学馆、浙江图书馆之江馆四个场馆均建立在杭州市西湖区的同一区域内，有利于之江文化中心作为城市文化综合体为市民提供更加便捷、全面的文化服务。非遗馆建设要从彰显城市文化特色、展示地域文化风貌、满足市民的文化需求等方面前瞻化地开展工作，需要通过分析建筑所处自然环境和地理位置确定建筑形态，考虑城市居民参观的便捷程度、文化活动对周边居民的影响等多方面的因素，确保建筑发挥基本功能，满足市民的多样化需求，让非遗馆与所处环境形成相互依存的关系，满足其作为城市文化综合体应具备的功能复合化、服务特色化、资源共享化、运营高效化等需求。

---

[1] 《重新开放之初的中国国家博物馆印象：恢弘大气 耳目一新》，参见：https://www.visitbeijing.com.cn/article/47Qp1304KkG。

非遗馆建筑要想达到满足基本功能、为观众提供优质服务的目标，有三个要求：其一是合理确定空间容纳率，使建筑空间具备满足观众参观的功能；其二是合理化非遗资源和服务配置率，使各类非遗项目具备展示和引发一定社会文化活动的能力，争取以尽可能少的投入获得尽可能好的宣传展示效果；其三是具备其作为城市文化综合体在促进非遗保护和文化服务方面的功能，以常态化、稳定性的服务，促进社区、群体的深度参与。把非遗馆建在大城市及人流密集的中小城市中有利于非遗的宣传展示，有利于实现上述功能和服务，同时，这样非遗馆才能满足城市发挥其文化职能的需要，实现价值最大化，从而更加具有现实意义。

综上，非遗馆建筑的功能要求可以表述为：以非遗展示这一核心功能为空间建设的营造目标，以多元化的艺术表现形式为基础，提升城市文化服务的建筑空间功能，实现建筑空间非遗展陈方式的多样化、宣传渠道的便捷化、服务观众的高效化，满足现代城市社区居民深度了解非遗知识的诉求，从而提高城市文化的影响力，成为满足人民群众文化服务、消费、知识获取等需求于一体的多功能、综合化文化空间。

第四节

总分式非遗馆的建设模式

非遗馆属于新兴公共文化设施，目前尚未建立起评级、定级和评估机制。目前的一般情形是，在省会或大中型城市建设综合型非遗馆，在非遗项目和资源相对丰富的其他地级市建设分馆，形成总馆和分馆协同的非遗馆模式。有不少地区因场馆建设经费不足，以及场地的实际利用率较低等方面的因素，难以获得新型场馆的立项审批，但也有不少地区已经提前建设成非遗馆并投入运营。总分式非遗馆在节约资金，分类、分区域展示非遗项目，拓展非遗保护业务等方面具有一定的优势；除此之外，总分式非遗馆还能辐射化、精准化、真实化展现不同地区的非遗项目。

一、总分馆模式的基本思路

总分式非遗馆建设可以省级行政管辖区域为基础，在省会或非遗项目较为丰富的大中型城市设置一个总馆，以完成部分能够代表本地区文化特征的非遗项目的展示、研究和传承，形成对国家级和省级非遗项目较为完善的展示和宣传，其他非遗项目的展示可以由其他各地不同的分馆完成。在展陈设计和展示方式上，总分式非遗馆在总馆中应预留出相对大面积的电子屏幕，用于展示总馆与分馆之间的联动，通过搭建网络互通互联系统实时连接各分馆的展览展示。如已经建设完成的桂林非物质文化遗产体验馆（以下简称"桂林非遗体验馆"）的主题展示，同时也可以在南宁市的非遗生活馆总馆内实时展出，传承人的传习场景也可以通过类似的方式进行转播，而不一定非要将传承人请到总馆内进行展示活动。类似的互动模式也是网络普及时代展陈设计的一种趋势，这一模式可以有效解决藏（展）品数量不足的问题，便于随时汇总展览信息，既能丰富总馆的展览内容，又能相对高效地展示不同区域、不同类型分馆的非遗项目。

"2015 年，桐乡市在充分借鉴文化馆、图书馆总分馆体系建设经验的基础上，依托市级非遗馆总馆资源优势，大力发挥企业、个人工作室等社会力量的主动性和能动性，以省、市级以上非遗项目为重点，搭建县（市）级非遗馆为总馆，镇（街道）级专题馆为分馆的非遗馆总分馆体系。"[1] 这为接下来非遗馆的总分馆建设模式提供了参考。笔者在对云南、广西、西藏、新疆、内蒙古等地的实地调研过程中发现，我国偏远地区的非遗项目因为当地交通不便利、人口数量少等原因而受现代化进程的影响相对较小，且偏远地区的非遗项目往往在少数民族群体中广泛传承流布，该地区非遗项目赖以传承的场所、相关实物以及传承人的状态良好，仍旧保持着非遗项目真实、活态的存续状态。近年来，我国许多地级市均已建设相关非遗传习场所，具备了较好的展示基础，也有的非遗展示空间已经具备了作为分馆的条件。此外，一些地级市甚至县级市也建设了非遗馆，如桂林非遗体验馆、南京市秦淮·非遗馆均已建成

---

[1]　褚红斌：《非遗馆总分馆建设实践与探索——以桐乡市为例》，《参花》（上）2020 年第 12 期，第 70 页。

开馆，它们将本地区的非遗项目相对集中地进行了展示。这些非遗馆或非遗展示空间已经初步具备作为分馆的展示条件，如果在省会城市及其他大中型城市建设一个总馆，统一负责各分馆的管理运营，也是一种合适的建设思路。

二、以广西为例的非遗总分馆建设的可行性研究

广西是我国边境省份之一，也是少数民族聚集地区，各民族非遗项目特色鲜明，自然环境优美，旅游资源极为丰富。2019 年在桂林召开的"广西文化旅游发展大会"明确将广西非遗馆建设作为重点文化提升工程之一，为广西非遗馆的建设提供了政策依据。广西边境地区的非遗项目特色鲜明，有些与接壤的越南同源共享，如壮族天琴艺术、壮族三月三、壮族蚂蚜节等，也有不少项目只能在特定的时间内进行全面展示。所以，如果只是在南宁市建设自治区级的非遗馆，就很难生动、全面地展示壮族歌圩、京族哈节等非遗项目。基于此，可考虑先在广西壮族自治区的省会南宁市建设非遗馆总馆，再对应总馆的职能定位，在非遗项目富集的其他地级市设立分馆，完成总分馆模式的非遗馆建设。

（一）非遗总分馆的职能定位

非遗馆总馆主要展示内容应以各级各类非遗项目的基本内容、数量、分布区域、涉及门类等方面为主，主要发挥检索本省区非遗数据和导览等核心职能。以广西为例，总馆可以设在南宁市，并分别在桂林、崇左、北海等地级市设立分馆。总馆主要遴选能够代表"秀甲天下、壮美广西"的典型性、代表性非遗项目进行展示，如刘三姐歌谣、壮族三

月三、壮族会鼓习俗、京族哈节、壮族天琴艺术等项目；其他非遗项目
则可以在分馆中进行详细展示。在未来，总馆和分馆可以打包申报国家
级非遗馆。

（二）广西非遗项目的广泛分布和时间限定性是非遗总分馆建设的基础

广西非遗资源富集，区域内以壮族为主的 12 个世居民族非遗项目
各美其美，不同地区的非遗项目仍然有序传承于各社区、群体之间，
如壮族天琴艺术、壮族织锦技艺等非遗项目仍在民众自发自觉的状态
下传承存续。壮族侬峒节、京族哈节等非遗项目既有其专属的传承区
域（社区）范围，也因为属于节日习俗类项目而只能在特定的时间内
进行全面呈现，具有时间限定性，所以很难做到在一个大型场馆中随
时展示，但这类非遗项目的社会功能与价值又需要被充分展示。基于
此，总分馆式的非遗馆建设务必会有力强化这些项目的保护与传承。

笔者在调研中发现，距今已有 600 多年、广泛传承于广西各地的
壮族抢花炮是国家级非遗代表性项目，其中宁明县城中镇纳利村的传承
状态非常典型。每年二月二，村里的青壮年男女都自发参与抢花炮，在
村子周边的开阔场地上，村民们自发组队或单独争抢，抢得"头炮"者
为最高荣誉，将获得最高奖励。多年来，纳利村不仅保留了这一民族习
俗，而且时至今日抢花炮仍旧是当地二月二时最为重要的文化活动。纳
利村还建有这一项目的小型展厅，展示内容除详细描述了该项目的基本
情况外，还收藏了历年"头炮"获得者的奖状、头炮实物等，可以让人
详细了解这一民俗文化活动的盛况。（图 2-9）

图 2-9 广西宁明县纳利村花炮节"头炮"抢得者被众人高高举起的场面，图片系作者翻拍自纳利村花炮展示馆内照片。

（三）深度展示民族文化和地域文化特色是非遗总分馆建设的有利条件

类似壮族抢花炮这种非表演性的文化活动并非由个人或机构刻意组织，而是源于广大社区群体的真实意愿，并自然、原发、活态存续且传承至今的非遗项目，除了现场体会外，笔者难以通过语言或文字描述来再现"头炮"获得者的内心感受。笔者通过对纳利村村民的访谈了解到，多年之后，他们仍然难以忘记当年抢到花炮时的兴奋心情，很多小孩子甚至因为能在争抢中触碰到花炮而高兴好多天。所以，这类从特定地域内传承下来的非遗项目，只有在分馆所在的区域设立展示环境（空间），才能较为完整地呈现全貌，深度表达项目内在的价值与社会功能。

此外，京族独弦琴艺术和壮族天琴艺术也都是广西特有的非遗项目。崇左市大新、龙州等县的壮族天琴艺术存在差异，但都有普遍意义上的祈福功能；壮族天琴艺术的许多传承人各自传承下来的唱本、唱词形式和内容也存在较大差别，如李邵伟和岑艺清两位代表性传承人在展示活动中的唱词内容、着装、所用器具等都有不同，也都有自己对该项目的独特理解（图 2-10）。此外，年轻一代的传承人已经逐步对天琴的制作技艺和演奏技巧做出了创新，融入了新的理念和新的演奏方法。除优化完善天琴的制作技艺外，他们还将现代音乐的曲谱、节奏、技巧及适合天琴演奏的曲目等都融入了天琴的表演中，并通过自身的练习，在琴体造型、演奏技巧、唱词、曲目等方面丰富了该项目的艺术特色。（图 2-11 至 2-12）

图 2-10　　传承人李绍伟（左）在表演天琴弹唱；传承人岑艺清（右）在表演天琴弹唱。两人对天琴艺术从形式、唱词到所用乐器和道具均有自己的理解。

（四）非遗总分馆建设有助于推进广西全域旅游，强化对外文化交流与宣传展示

广西旅游资源丰富，桂林山水、左江岩画、德天瀑布等旅游景点美不

图 2-11　天琴制作技艺传承人在家庭式场所内讲解天琴的制作和演奏技艺。

图 2-12　广西宁明县的天琴表演场景。天琴演奏经过创新后更加注重演奏技巧和音乐艺术效果，更容易被青少年群体认知和接受；作为旅游资源，也可以通过适当的唱词改编，结合不同的演奏技艺融入景区，以增强游客的旅游体验，从而更有利于非遗项目的宣传展示和保护传承。

胜收，旅游景点所在地区也是非遗项目富集的地区。壮族在广西各地均有分布，当地 12 个世居民族所传承的非遗项目多集中在各民族聚居区，但地域上的资源分散、民族特色显著等特点也导致非遗项目在展示和宣传时难以全面汇集。如何结合广西优质旅游资源强化非遗项目的宣传展示，也是各地都在尝试破解的问题。通过"非遗进景区"活动，桂林、崇左等地的不少景区内也通过建设小型非遗项目展示场所，以"非遗 + 旅游"的方式为当地的旅游业增添了内容，留住了游客，提升了旅游业的活力。广西边境地区传承的非遗项目，大多与越南同源共享，生活在边境接壤地区的民众在非遗项目传承中一直拥有良好的互动，在加强对外文化交流与宣传方面，这也是建立广西总分式非遗馆的重要契机。

广西丰富的非遗资源是实现文旅融合，带动经济发展的重要优势之一。截至 2019 年 12 月底，广西先后建设了 300 多个非遗保护工作平台，构建了较为完整的非遗保护传承网络。以广西非遗馆建设为基础，可以为广西的非遗资源导览、非遗精品旅游路线规划、拓展全域旅游资源、文旅深度融合乃至促进经济发展方面创造新的机遇。"自 2002 年中国 – 东盟博览会落户南宁以来，广西在面向东盟交流发展的国家战略中发挥着越来越重要的作用。"据统计，广西"共有 55 个自治区级非遗项目与东盟国家属于跨国共享项目。这些项目对于促进民心相通、经贸往来，维护民族团结、边疆稳定具有积极重要的作用"。[1] 非遗馆可以成为广西与东盟各国实现文化交流的重要窗口与平台。通过建设非遗馆，将更加有助于广西结合旅游资源开展宣传展示非遗项目活动，发挥非遗馆在对外文化交流和合作方面的重要作用。

三、总分馆建设模式中应注意的四个方面

第一是隶属关系。在行政职能上，各场馆可按既有的行政隶属关系或企事业单位的管理模式运营；在业务层面上，应由省一级文化和旅游厅职能部门统一管理。非遗馆总馆既是各分馆的行政主管单位，也是主要业务统筹和指导单位，在制定展示标准，确立展示内容与方式，开

---

[1]　田宇：《文旅融合背景下广西非遗馆的建设与思考》，《大众文艺》2020 年第 7 期，第 4 页。

展非遗保护的研究、教育等职能定位方面具有领导权和业务主导权。分馆则主要以对非遗项目的深度展示为主，同时辅助完成总馆的相关业务工作。

第二是非遗展陈内容应有所侧重。如铜鼓文化生态保护区的非遗馆可以设在百色市，主要针对国家级文化生态保护区的建设成效等进行展示；崇左市则重点以壮族天琴艺术、壮族侬峒节、壮族抢花炮等项目展示为主，全方位展示辖区内的非遗资源和传承人传习情况。在总分馆模式下，各地分馆也可以将辖区内个人设立的传习场所、传习基地、非遗工坊等纳入分馆的服务范围。

第三是高效的同步管理与运营机制。这是总分馆联动、展陈和展示内容互补的关键。各分馆不同时间节点的展览、展示活动可以随时通过总馆对外发布；在节假日等旅游旺季开放时，应随时传递各分馆的动态信息、观展人数等实时数据，有效传递展陈信息及相关展览和展演活动动态等，以满足观众观展需求。

第四是藏（展）品的借展与统筹机制。总分馆模式能够弥补单体式非遗馆在展陈中藏（展）品数量不足的问题。通过相互借展，互通有无，充分利用总馆与各分馆的藏（展）品以满足非遗馆举办各类临时展的需求。非遗传承人的传习、讲解和展演等活动也适用于类似的机制。

除广西外，云南、新疆、西藏等省（自治区）也可以考虑采取总分式非遗馆的建设模式。

四、非遗馆的概念界定

在综合考虑我国非遗馆建设背景、建设类型及管理运营模式的情况下，笔者尝试对非遗馆下个定义：非遗馆是我国在非遗保护进程中，遵循《公约》中关于非遗保护的相关理念，贯彻落实《非遗法》的相关条款，以非遗保护为核心，坚持守正创新的保护理念，以加强非遗保护传承、宣传展示、创新应用为目标，充分展示民族文化、各地区域文化风貌及与之相关的非遗项目和表现形式，集中弘扬中华优秀传统文化，彰显各民族和相关社区、群体的文化多样性和创造力，真实性、活态化、整体化地对非遗项目开展教育研究，兼顾为群众文化活动提供内容和服务的非遗主题文化空间。

非遗馆的主要功能是加强非遗保护与传承，就非遗开展宣传展示和教育、研究等，具体表现为宣传和展示我国丰富多彩的非遗项目及其背后的传承历史、流布区域、表现形式，并通过教育、研究为非遗保护奠定理论基础。要充分发挥场馆集展示、展演、收藏、研究、教育、文化交流、传承传播于一体的复合型文化空间的功能。根本目标是通过非遗展示，保护好祖祖辈辈留下来的宝贵遗产，发挥各社区、群体的思想智慧与创造力，为保护人类文化多样性而服务。

在非遗馆的名称界定上，关于"非遗展示中心""非遗博物馆""非遗展览馆"等称谓，笔者更认同目前的"非物质文化遗产馆"这一通称，而不认同"博物馆"或"展示中心"之类的名称。这主要基于两方面原因：其一是非遗拥有活态性。因博物馆更多针对物化的文物开展保护、研究、展览等业务，而非遗馆则应更加注重活态化展示与展演的结合；其二是"非遗展示中心"这个名称可能容易让人忽略对抢救性保护、生产性保护、文化生态保护区建设等方面成果的展示与利用。

第五节

合理建构非遗馆建筑形态与展陈布局

系统、全面、科学的前期论证，是合理规划非遗馆建筑外在形态及内部空间环境的关键。建筑外在的形态会先给人一种直观的视觉感受，久而久之，人们心目中才会形成对建筑功能性与外观艺术性的统一认知，如人民大会堂对应国家行政职能，苏州博物馆对应文化遗产的保护与收藏，香山饭店对应北京的人文环境，国家大剧院对应文艺演出，中央电视台总部大楼对应媒体宣传等。可能不少建筑在建立之初，会遭受各方面的批判性论调，但一个经得起推敲的建筑形态，自然会在人们的心目中确立其形态与功能之间的对应关系。除了建筑师、设计师的创造性思想与智慧外，任何建筑在设计之初只有经过全面、深入的论证，最终确定下来的建筑形式才会更加趋于合理。非遗馆的建筑形态与展陈设计在论证过程中所涉及的内容主要包括以下四个方面。

一、论证方向

对非遗馆的论证可以分为两个层面：第一是行政管理机构层面。

需结合非遗馆的建设目标及使用功能确定其建筑形态；确定场馆体量、建筑面积是国家级还是省市级，确定非遗馆的行政主管部门。目前，我国各省级非遗馆主要由省一级非遗保护中心负责管理运营。第二是专业要求和业务职能层面。需要结合非遗馆的观众流量、社会服务职能、展示的非遗项目数量等展开论证。无论是新建非遗馆，还是在旧有建筑的基础上改造的非遗馆，均应完成多次论证，并形成客观、全面、权威的论证意见。论证的核心要素主要包括：1.建设目标及定位，主要涉及场馆的未来建设和评估级别；2.建筑面积、体量大小；3.社会职能及观众流量；4.非遗项目数量和展示环境需求；5.管理运营机构及维护措施；6.其他方面。论证过程中要突出非遗馆整体性、综合化、特色化的建设理念，注重建筑形式与地域文化的融合，有效结合民族文化符号和相关元素，既要考虑"非遗"本身，又要关注到既有文物、建筑等各类文化遗产之间的对应关系与关联程度，最大限度地实现非遗的可视化表达，继而促使观众加深对非遗的了解与认知。论证可以通过表 2-1 的方式，将论证要点列出。

表 2-1　　　　　　　　　　非遗馆建设论证要点示意表

时间：		地点：	人员：可另附
序号	论证内容	论证要点	论证意见与建议
1	基础数据汇总	非遗四级名录项目数量、传承人数量等	
2	拟建或现有场馆面积	1000～5000 平方米，5000～10000 平方米，10000 平方米以上	
3	所处区域位置	城市核心区、辐射区、远郊区	
4	城市常住人口数量	1万～100万，100万～300万，300万～500万，500万～1000万，千万以上	
5	观众预期流量	100～1000，1000～3000，3000～5000，5000 以上（日流量）	
6	展陈面积	1000～3000 平方米，3000～5000 平方米，5000 平方米以上	

（续表）

7	藏品库房面积	1000～3000平方米，3000～5000平方米，5000平方米以上	
8	管理运营机构	独立运营，社会化运营，其他运营方式	
9	其他	展览辐射范围，数字化展示需求，互动体验空间等	
	专家论证意见：		
		论证人签字：	

  非遗馆建设论证首先应围绕非遗项目类别、数量及特征展开。论证可以通过将需要解决的问题表格化、指标化的方式，提高论证的效率，体现不同论证人员的意见与建议，发挥参与论证人员的专业素养。无论是建筑外观还是展陈设计，都要充分考虑既有藏（展）品的数量和表现形式，决定是偏重于展示还是展演，是偏重于教育互动还是文化交流，抑或是上述功能的综合。要把握好非遗馆展陈与地域文化展示的对应，注重找准最能体现各地区或城市文化特征的关键点。

  此外，建筑设计师、展陈设计人员和策展人的理念应被充分尊重。上海新天地总设计师本杰明·伍德多年前就提出设计师应为人的需求而设计城市，应更注重创造文化而不是消费文化。本杰明·伍德利用在上海的长期生活体验，在对上海新天地的规划设计和建筑环境改造中，以上海近代建筑的标志石库门建筑群为基础，改变了其原有的居住功能，创新性赋予其商业、文化、旅游等综合化的功能。通过错落有致的巧妙规划，设置了艺术展示、餐饮、购物等不同功能的空间，建构了上海历史与当下的时空交响，让人漫步其中且流连忘返。本杰明·伍德通过三年多的时间，不断提炼上海民居的营造元素，将旧建筑构件拆除后选择性保存标志性符号，并将之再次运用到后来的新天地建筑中。这种执着且严谨的工作风格尤其值得我们尊重，这也是一个优秀的建筑形态产生的关键。

二、功能定位

单霁翔先生在《广义博物馆理论与实践的思考》一文中指出："博物馆功能已经从满足广大民众日益增长的文化需求，到保障广大民众的基本文化权益，再拓展到广大民众共享文化发展成果。这是'以人为本'理念在博物馆领域的体现。博物馆不再只是文物的积累，藏品的仓储，历史的收藏，静态的展示，而是成为人们艺术、道德、观念和行为的健康反映。"[1] 非遗馆展陈设计的难点在于既不能完全照搬博物馆、展览馆、图书馆等场馆的样式，又要体现收藏、研究、展示、利用等与这些场馆类似的职能，尤其是需通过物化载体体现非遗项目的文化内涵，以合理的艺术形式完成展览展示设计，满足非遗馆发挥学术研究、文化服务等方面职能的需求。

非遗馆作为象征着现代科技进步和艺术表现多样化的文化类场馆，还应注重完善复合型、专题型、区域型、民族型、数字化等不同层面的功能。如浙江省非遗馆建设重点体现以非遗为本的理念，发挥了"非遗＋文献""非遗＋艺术""非遗＋人文""非遗＋研学"等综合功能。浙江省非遗文献馆副馆长李虹女士在《浙江非遗文献馆建设规范研究》一文中研究了浙江非遗馆与非遗文献之间的关系，从现代文献馆的功能设计出发，提出了环境营造中应追求自然、馆舍与人（观众）之间的和谐关系。她讲道："要科学地营造非遗文献馆建筑的内外部环境，以及建筑美与环境美的和谐统一；非遗文献馆建设的指导思想上，要体现时代特征、非遗特色、区域特点、生态环境特质；要体现以人为本的文献馆建设理念，以读者为本、以馆员为本，充分考虑到人的意愿与习惯，并以人的

---

[1] 单霁翔:《广义博物馆理论与实践的思考》,《中国文物报》2011 年 6 月 29 日。

需求为中心，努力营造一个富有亲和力的、舒适方便的人性化环境，营造出一个宁静、优美、舒适的现代化非遗文献馆。"[1]浙江省非遗保护中心主任郭艺女士在多轮次、多专业领域专家论证的基础上，依据论证意见建议并结合展陈需求，在非遗馆中设置基本陈列厅、专题厅（传统戏剧厅、传统工艺厅、青少年传承体验中心、非遗美食展示体验区、传统表演艺术厅、非遗数字和文献中心、衍生品空间）、临时展厅三大展示区域。通过古建筑营造技艺搭建展演平台，完善非遗研学等功能，强化展品与展示环境的关系，以现场讲解的方式开展非遗宣传与教育，强化了非遗馆的学术职能，实现了复合型、综合化非遗馆的建设目标。

2022 年 7 月，"天府根脉——四川省非物质文化遗产精品展暨四川省黄河流域非遗展"开幕仪式在四川省非遗馆举行，重点展现巴蜀大地上广为人知的非遗项目精品，展厅环境强调非遗项目与巴蜀文化之间的关联，强化生活与非遗之间的关系，通过设置"百年千技""守正创新""非遗生活"三个单元，以羌绣、蜀锦、年画等非遗项目，诠释了非遗与巴蜀文化的形式、历史及现状的关系，以艺术化的装饰手法与抽象化的场景和装饰构件，增强了非遗与当下人们生活的互动，形成了良好的展陈效果。（图 2-13）

沧州的中国大运河非物质文化遗产展示馆，以大运河沿线 8 省（市）的文化特色为主设定了"灯火明京城""津门故里""齐鲁钟神秀"等不同的展示空间，以"总分总"的叙事架构形成一条既连贯又灵活的动态脉络。该馆共呈现人类非遗名录（名册）项目 19 项、国家级 370 项、省级 103 项、市级 30 项、多媒体非遗展项约 500 项，共计约 1022 项，彰显了大运河流域非遗的独特魅力，为观众营造了良好的观展体验。

---

[1] 李虹：《浙江非遗文献馆建设规范研究》，《非物质文化遗产研究集刊》2018 年第 1 期，第 110 页。

图 2-13　　　　　　"天府根脉——四川省非物质文化遗产精品展暨四川省黄河流域非遗展"实景图。

　　桂林非遗体验馆建筑形态为散点式布局，在展区入口处设置戏台，观众进入展区大厅后由讲解人员先进行基本讲解，再引导观众在戏台前驻足静待，等到戏台围合的幕布缓缓开启后，戏剧演员几句简短的戏剧唱词，便瞬间将观众带入了非遗情境中。在后续展区中，馆内采取小河流水的景观设计，结合灯光营造了连续贯通的空间氛围，并在此基础上将桂林乃至广西的非遗项目分区域布置，合理且巧妙地完成了基本展陈设计。

　　上述非遗馆在展陈理念、展陈板块和空间划分方面，可以为其他在建非遗馆提供参考与借鉴。

三、展示内容与范围

　　非遗馆的展示范围至少应包括：1.各级各类非遗项目及保护成果；2.非遗代表性传承人；3.非遗数据及相关资源；4.其他方面，如非遗工坊，非遗传习所，非遗与旅游，文化生态保护区，非遗进校园、进社区、进景区等方面的工作成就。

　　非遗十大门类表现形式丰富多彩，内容包罗万象，在文物类场馆或大多数博物馆内采取的橱窗式展陈方式并不太适宜展示某些非遗项目的全貌。比如，某些民族服饰制作技艺作为我国非遗项目中的民俗类项目，往往与各民族节日节庆、仪式活动等密切相关，本身既包含精美的制作技艺，也体现出传统的美术思想，所以不能单纯展示服装成品的艺术美感，其复杂精妙的制作流程也应予以展示。泼水节、火把节、端午节、春节等民俗类项目涉及礼仪、祭祀、庆典等方面的功能，因为时间和空间范围的限定，也不可能在一个建筑空间内进行全面展示。基于此，非遗馆建筑样式和展陈设计就需要对应不同类别的项目，明确重点展示和辅助展示的内容。非遗馆建筑形态和展陈设计论证应先从非遗项目的数量、特性、展示方式等方面展开，在此基础上，再确定场馆建筑面积及外观和室内空间布局，还应充分预留出场馆的室外活动空间，以便充分展示民俗类，传统体育、游艺与杂技类等不便于在室内展示的项目。如踩高跷、舞龙、舞狮、秧歌等项目，以及场景化的民俗活动和美食制作技艺类项目，也适宜在室外空间展示。

　　中国非遗馆的开幕展为"中华瑰宝——中国非物质文化遗产和工艺美术展"。该展览分别设置了"大国匠作""旷古遗音""万方乐奏""丝路丹青""粉墨传奇""藉器传文""神州迎春""盛世重光"八大板块，分别展出工艺美术、古琴艺术、传统乐器、丝路壁画、中华戏曲、金石篆刻、木版年画、民俗表演等多个门类1298件（套）工艺美术和非遗珍品佳作。中国非遗馆的开馆展览，通过文字图片、实物展示、历史影像、场景还原、视听播放、手工体验等多元化的表现形式，较为系统全面地展示了馆藏非遗项目的相关实物。（图2-14）

图 2-14 中国非遗馆开幕展中"旷古遗音"展区实景。

四、多样化展示方式的应用

多样化的展示展览方式旨在通过不同的手段和形式吸引观众的注意力，以提升非遗展示物品的传达效果。除图文展板、海报、模型等静态展示，以及视频、音频、灯光、动画等动态展示方式外，为了给观众带来更加生动、直观的体验感，还应注重交互式展示、沉浸式展示、数字化展示、模块装置艺术展示等现代展示方式。

增强非遗项目与观众之间的互动，设定场景或情景体验空间让人沉浸其中，可以有效提升非遗项目活态化宣传展示的效果。交互性、沉浸式设计，应从非遗项目的故事化和情景设定入手，通过营造空间氛围，设定场景以增强观众参与度。在非遗宣传展示中，各种能够为非遗服务的艺术媒介和设计方式都应介入其中。"参观过程不再仅仅局限在观众和展品之间，解说、注释、互动、体验成为观展的重要内容和形式，思想、情感开始进入到博物馆展示话语体系，非遗馆成为人格、品格、情感、价值观培育与形成的孵化器。"[1] 所以，我们需要通过多种手段去强化观众的观展体验，拓展非遗馆职能。

"设计者引入交互性叙事性设计的理念，合理利用数字化技术手段提升艺术展馆多维度、多结点的展示形式，弥补了传统艺术展馆在叙事性上的缺陷，将智能化艺术作品与观众的感官实现实时交互，这也是未来艺术展馆发展的必然趋势。"[2] 当然，这也是非遗馆建设未来的发展趋势。交互式展示强调观众的参与和体验，通过触摸屏、虚拟现实（VR）、增强现实（AR）等技术，让观众获得身临其境的观展体验，能够亲身参与到某些非遗项目中来。交互式展示方式能够增强观众的参与感，使他们留下更为深刻的观展记忆。

沉浸式展示是指通过动态化的虚拟现实环境，让观众置身于一个特定的场景内，从而更深入地了解展品或展示主题。例如，通过搭建蒙古包等与非遗项目相关的空间设施，营造出蒙古族婚礼习俗氛围，或者搭建类似密室逃脱类的空间，将传统体育、杂技与游艺类项目纳入其中让观众深度体验与感受。

数字化展示是指利用数字技术和多媒体设备，将展品或非遗项目的影像信息等以数字化的方式予以呈现。这也是近些年各类展览设计中应用比较多的方式之一。数字化展示包括使用投影、触摸屏、数字动画、三维影像等技术，为观众带来更加丰富的视觉体验。数字化展示也可深度应用于非遗馆的信息检索、线上展厅，强化非遗馆展览的网络传播。

模块化展示是通过使用可拆卸组合的展示模块，根据展览需求和空间变化，快速调整展台布局和展示内容，以便于在有限空间内灵活多样

---

[1] 刘托：《开启非遗展示与传播新篇章》，《中国非物质文化遗产》2021年第5期，第23页。

[2] 柴彦宇、程竞竞：《沉浸式艺术展馆的交互性叙事设计策略研究——以Team Lab为例》，《汉字文化》2020年第18期，第164页。

地展出更多内容。这种方式既灵活又快捷，适用于各种规模和类型的展览。如二十四节气就可以通过设置定点转动节气立方体的方式完成展示。此外，主题化展示、场景化展示等方式都可以根据展览的主题灵活应用。

　　由于某些非遗项目的展示具有相当的难度，如杂技表演需要借助一定的器具和舞台设施，也要有一定的防护措施；打铁花表演需要挑选场地及注意观看人员的安全。这类项目在非遗馆内往往需要借助高科技设备予以展示，一般有三种方式：一是通过屏幕显示器进行影像的展示；二是设备与技术结合使用，如将 VR 技术和相关设备结合，让观众现场操作；三是采取软件技术和设计环境场景，实现在多类型终端设备的应用。（图 2-15）

图 2-15 　　科技化的展示方式不应仅仅是设备的堆积，而应该聚焦于技术与艺术呈现方式的结合，生动形象地展示某些难度较高的非遗项目的全貌。如展示打铁花除采用现场表演外，还可以视频记录结合 LED 屏幕展示其五彩缤纷的壮观场面。

　　沉浸式体验强调多感官交互体验，早在多年前就广泛应用于文化娱乐活动中。目前，越来越多的展示场馆通过营造沉浸式体验环境，增强观众的参与度和体验感。沉浸式体验多借助声光电、影像、硬件设施等，触发人体的各种感官意识，为参与者打造一种置身于虚拟主题环境中的沉浸状态。比较典型的有虚拟现实技术，人可以通过头戴设备，进入到某个虚拟现实场景中完成感官体验。现代非遗馆需要借助沉浸式体验设施以增强某些非遗项目的互动效果，让人们更为深入地了解某些陷入濒危甚至已经失传的非遗项目的真实面貌。沉浸式体验还可从非遗实物与观众之间的互动关系入手，根据参与者的需求搭建不同的场景和设施。如北京环球影城广受游客喜爱的机器人威震天，他与游客一问一答的幽默、独特的对话方式，让游客获得了良好的体验；而密室逃脱和剧本杀等深受年轻人喜爱的娱乐项目，也均具备相应的互动环境和设施。沉浸式体验的目的是让观众成为参与者，这类设施在非遗馆中的应用也更容易提高青少年群体对非遗的兴趣，唤起他们对非遗的热爱。

非遗馆在搭建沉浸式体验环境和安排设施方面可以使用舞台艺术和实景演出的呈现方式，如王潮歌的《又见平遥》和《只有河南·戏剧幻城》实景演出。《又见平遥》突破了已往借助山水实景为背景的布景方式，将背景和演出空间挪到了室内，并把平遥古城的历史文化元素和演出内容有机地融合在一起。迷宫般的剧场中有着繁复的空间分割，完全不同于传统剧场。在90分钟的时间里，观众需要步行穿过几个不同形态的主题空间，清末的平遥城、镖局、赵家大院、街市、南门广场等，从纷繁的碎片中窥见故事始末……看实景演出就像一次"穿越"，观众有时像看客，有时又像亲历者。《只有河南·戏剧幻城》是集合河南多种文化艺术形式的戏剧演出。这一极具创意的演出改变了传统演出剧场的形式，将传统与现代、过去与未来、流动与静止、声音与画面、演员与观众等进行了有机关联。从脱离俗套的传统舞台设计入手，开辟了21个剧场供观众体验，创造了一种全新的戏剧展现形式，营造了极强的沉浸感，观众置身于演出空间中可以感受到一步一景的惊喜。这类演出因为结合了该地的戏剧剧种，本身也是对传统戏剧类项目的创新化保护和宣传，从形式上为非遗馆类似环境的营造提供了参考和借鉴。

03

第三章

艺术设计
与非遗宣传展示

非物质文化遗产是中华优秀传统文化的重要组成部分，丰富多彩的非遗项目中无不蕴含着丰厚的文化内涵、美学思想和人类智慧。在非遗展示宣传中，艺术设计作为一门独立的学科，伴随着我国改革开放和社会经济的发展，已经广泛应用于该领域，且发挥着越来越重要的作用。当前，随着艺术教育的普及，艺术设计类不同专业的迅速发展，各院校培养的大量艺术类人才涉足的行业和领域也越来越广。在现代生活中，人们衣食住行的许多方面都离不开艺术设计，艺术设计在现代生活中的作用越来越被重视，艺术设计类不同专业介入非遗项目本体及其成果表现形式、融入现代生活进程中的成效尤为显著，尤其是在强化非遗项目本体特征与宣传展示中发挥着创造性作用。强调艺术设计与非遗的关系，目的在于让非遗项目中的审美价值、思想智慧、社会功能等形成适宜于时代要求的合理化表达。

《公约》中强调了非遗在"促进了文化多样性和人类的创造力"方面的意义。这里的"创造力"既指传承人作为项目持有者自身的审美意识、美学观念和思想智慧的表达，也映射出非遗项目中的多重价值。这种表达多以实物及相关表现形式为依托，如作为艺术品的玉雕、石雕的器型之美，关乎美学层面。正如黑格尔所说："艺术作品却不仅是作为感性对象，只诉之于感性掌握的，它一方面是感性的，另一方面却基本上是诉之于心灵的，心灵也受它感动，从它得到某种满足。"[1] 民间文学、民俗类非遗项目本体中的价值往往就是诉之于心灵的。艺术设计介入非遗宣传展示，一方面是因为人们对非遗项目本体产生了时代性的审美需求；另一方面是因为与非遗表现形式或成果相关的内容需要更具艺术化的转化。如孟姜女传说、白蛇传说等这类项目需要艺术化的文学或影视作品让人认知，从而不断得以传承。其中既有关于感性审美的外在形式需求，也有美学思想和审美意识不断提升层面的需求。群体或集体传承的非遗项目大都蕴含人文主义思想，如英歌舞、妈祖信俗、锅庄舞等。美国学者罗伯特·威廉姆斯说："人文主义是另一个在传统上和早期现代文化有联系的概念。有时它被定义得比较狭隘，视为对古典文物的研究；有时定义得比较宽泛，作为这种研究激发出来的对普遍价值的培养。"[2] 艺术设计发展至今的一个重要进步就是始终关注人文主义思想，同时又强调为美学思想的表达而服务。艺术设计学科介入非遗宣传展示，是在大众审美程度日益提高的前提下，为非遗保护创造更多样化的条件，充分展示传承人的知识、经验、技艺，让非遗传承人技艺精髓和思想智慧的表达更具时代性，从而让非遗可以达到"在情境化的言传身教中完善传承机制，并在身体实践过程中不断沉淀为可共享的知识形态，从而实现遗产相关的知识和文化能够被识别和有序传承，进而扩大传承人群规模，增强遗产生命力"[3] 之目的。

---

[1] [德]黑格尔：《美学》（第一卷），朱光潜译，商务印书馆 1979 年版，第 44 页。

[2] [美]罗伯特·威廉姆斯：《艺术理论：从荷马到鲍德里亚》（第 2 版），徐春阳、汪瑞、王晓鑫译，北京大学出版社 2009 年版，第 64 页。

[3] 孙发成：《非遗"活态保护"理念的产生与发展》，《文化遗产》2020 年第 3 期，第 35 页。

第一节

艺术设计与非遗共融共生

非物质文化遗产是我国各民族世代相传并被视为其文化遗产的传统文化表现形式，所有非遗项目无不源于人们长期以来的生产生活的实践，其技艺技能和思想智慧是其遗产价值存续的基础。广大社区民众在与自然的互动中掌握了二十四节气这一通过观察太阳周年运动而形成的时间知识体系及其实践；在生产生活应用中创造了各类陶、瓷、玉器和纺染织绣、藤草柳编等器物形态；在节庆习俗活动中认识了年画、唐卡、剪纸艺术等质朴、拙巧的民间艺术之美；在文化活动中创造并逐渐丰富了故事、传说、史诗、神话等民间文学内容；川江号子、海洋号子、江河号子等也都是在人们的劳动过程中自然传承下来的。这些非遗项目蕴含的艺术形式和智慧思想无不伴生于其产生、演变和发展的全过程，历经千百年而得到不断创新和传承。

一、非遗是艺术价值和设计思想的载体

我国在非遗保护实践中形成的代表性项目名录十大门类中，属于

表演艺术类的传统音乐、传统舞蹈、传统戏剧、曲艺的表现形式本身就是某种艺术形式和某种艺术门类，音舞之韵，曲调之美伴生其中。传统技艺、传统美术类非遗项目中体现的民间美术观念和美学思想也离不开艺术设计。比如，古人把筷子的长度统一为七寸六分（约25厘米）这一合理而且便于使用的长度，并将筷子设计成方圆结合且不会随意滚落的造型，是古人朴素的审美意识和实用主义观念相结合的产物，而这种意识与观念直到今天都影响着国人的饮食习惯。再比如，剪纸、唐卡、年画、玉雕和各民族服饰类非遗项目中的配色、纹样、图案造型，以及古建筑营造技艺中，从安徽民居的马头墙到中国传统木建筑营造技艺中的斗拱、柱础、门楣、彩绘牌坊等，无不是艺韵纷呈，均成为现代艺术设计专业人员必须学习和了解的传统美学知识。这些项目中凝聚的千年不灭的艺术思想和技艺精髓是非遗保护传承的根本，也是非遗宣传展示的重要内容。现代人热爱非遗，很大一部分原因是人们对非遗项目中传统美学思想和艺术审美价值的强烈需求。

二、艺术设计有助于非遗融入现代生活

自不少非遗项目列入非遗名录（名册）以来，保护成效显著，如昆曲、古琴艺术、热贡艺术等项目的影响力不断扩大。其间，艺术设计介入非遗保护也创造性地丰富了非遗项目的保护方式。以古琴艺术为例，除古琴艺术传承人及爱好者群体不断增多外，一大批斫琴师和相关从业者也从中受益不少。古琴艺术从形态研究发掘、设计、古琴演奏技艺、流派研究等方面逐渐走向深入，并有机融入了现代生活。艺术设计在古琴器型、演奏环境营造等方面的作用也颇为显著。中国

非遗馆的"旷古遗音——人类非物质文化遗产古琴艺术"板块，既展出了"枯木龙吟""凤鸣"等一大批唐宋古琴珍品，让人领略了仲尼式、伏羲式等古琴形态之美，还在展示中设计了用于现场演奏的环境，可以让观众近距离地感受古琴艺术的音韵之美。在我国多年的非遗保护进程中，也有一部分项目仍旧停留在原有的面貌上，没有完成随时代而动的艺术创新，其传承效果就大打折扣。故此，加强非遗多样化保护，发挥非遗项目的美学和美育能力，是艺术设计介入非遗项目宣传展示，继而让非遗融入现代生活的基础。在现代社会生活中，人们更需要一把器型美观雅致的紫砂壶、一件经过艺术设计而符合现代审美的云锦服饰，反过来，简单的机械化产物就很难让人留存并传承下去。

三、艺术设计有助于拓展非遗保护方式

我国《非遗法》所规定的非遗包括：（一）传统口头文学以及作为其载体的语言；（二）传统美术、书法、音乐、舞蹈、戏剧、曲艺和杂技；（三）传统技艺、医药和历法；（四）传统礼仪、节庆等民俗；（五）传统体育和游艺；（六）其他非物质文化遗产。这一分类对应着中华优秀传统文化的语言、技艺、思想、精神等方面，而历史价值、审美价值、教育功能、社会功能等也都可以从不同门类的非遗项目中体现出来。设计艺术对非遗价值与功能的优化提升、发挥不同项目的艺术特色、实现非遗多样化宣传展示，以及对非遗成果的创造性转化和创新性发展提供了更多方式。如，出售云南普洱的大益茶业既制作了圆形的传统茶饼，也有小盒装的小块压缩茶，其艺术化、多样化的包装设计也带

动了茶的销量。

"对待非物质文化遗产，如同历史上的精英文化一样，我们唯一的选择是唯物史观。即将其放到当时的社会文化历史条件下去评价其意义和价值。"[1] 只有活在当下的非遗才是活态的非遗，艺术设计应合理评判非遗项目的设计需求，考虑是针对非遗项目实物进行设计，还是针对非遗项目展示的方式方法进行设计。非遗保护也有助于我国美育和体育教育的发展。历年来，各级非遗保护机构通过不同保护措施强化非遗传承，尤其是教育传承方面，通过"非遗进校园"活动，将太极拳、安塞腰鼓、藏族卓舞、剪纸、刺绣等众多非遗项目融入各地中小学的课程中。还将非遗相关知识编写成简明易懂的教材，聘请传承人开展现场教学，既满足了中小学乡土文化、区域文化教学内容的要求，也在潜移默化中强化了非遗适应时代要求的美育、体育等方面的功能，丰富了非遗教育的传承途径。如四川的泸州雨坛彩龙和陕西的安塞腰鼓，经过动作的编排设计后，已作为当地学生运动会、课间操等活动的固定项目。河南省焦作市陈家沟作为太极拳的发源地，当地学校不仅将太极拳纳入学校的体育课程，还将其纳入中考科目，实现了从小学到高中的全覆盖。此外，刺绣类、剪纸类项目在锻炼学生动手能力的同时，也直观地将这类项目中的高超技艺和巧妙构思传递出去，提升了学生的学习积极性，增强了学生对非遗知识的认知。艺术设计在助力非遗教育传承的同时，通过项目道具、器物的造型设计，以及服饰类非遗项目精美的图案、纹样设计等发挥了其美育功能。

---

[1] 刘锡诚：《试论非物质文化遗产的价值判断问题》，《民间文化论坛》2008 年第 6 期，第 25 页。

四、艺术设计有助于传承人思想和艺术观念的表达

传统美术、技艺类非遗项目的成果往往也是艺术作品，在传承传习和创作中，也符合艺术的创作和生产规律。但传承人不同于艺术家，"艺术家几乎不对创作方式与创作结果做区分，艺术家的创作常用相应的媒介来表达其思想"[1]。这在审美表达和观念传递方面虽然和传承人有类似之处，但是二者的不同在于，艺术家更偏重于对作品形式和美感的追求，而传承人则更多通过非遗项目呈现其精湛技艺。客观上讲，不少老年传承人由于受限于教育、知识水平等因素，在作品的形与意、色彩与材质等创新应用方面，与社会快速发展的审美要求存在一定差距；而艺术家和艺术设计专业人员不仅有较为全面的美学、设计艺术学理论知识，掌握了较为系统的造型、色彩和构图等美学知识，而且能够通过设计强化作品的时代性和时尚感，其作品也往往能够敏锐地触及现代人的审美诉求，但是作品中确实往往不具备传承人所掌握的某些项目中高超独特的技艺技巧。基于此，依托艺术、美术类院校开展的非遗"研培计划"，则可以让传承人了解一定的美术和艺术设计理论，以开阔传承人的眼界，增强美学、设计学方面的知识，这对于传承人作品的审美表达、各地传承人作品的交流学习与相互借鉴等方面起到了积极作用。非遗"研培计划"已经成为艺术设计介入传承人作品创作和实践的有效途径。笔者从海南椰雕、河北曲阳石雕技艺研培班学员中了解到，学员们基本学习并接受了现代艺术设计思想，并在自己掌握的项目传承中得以实践。各地学员通过交流，在造型艺术、形式美感、色彩搭配等方面进一步融合、借鉴现代艺术，提高了自身技艺和作品的艺术水准，非遗项

---

[1] ［美］皮埃尔・约特・德・蒙特豪克斯：《艺术公司：审美管理与形而上营销》，王旭晓等译，人民邮电出版社 2010 年版，第 51 页。

目成果也因此被赋予了更多的艺术美感。在非遗成果展示中，平面设计师将传承人个人的生活图片素材进行编排设计，将有助于人们了解传承人的传习过程；在展演活动中，合理地设计演出舞台或场地环境，也将有助于艺术化展示传统音乐、传统舞蹈等非遗项目。这也是非遗与艺术设计专业结合，以实现作品和项目成果"再创造"，提升传承人艺术和美学思想表达的必要过程。

第二节

艺术设计与非遗的关系

自 2021 年开始，非遗保护成为我国普通高等学校的新增专业，截至目前，根据《普通高等学校本科专业目录（2024 年）》，我国已经有 21 所高等院校开设了非遗保护本科专业。这些院校多为艺术设计和美术类院校，如中央美术学院、西安美术学院、兰州文理学院等。近几年来，中国艺术研究院、四川美术学院等院校也已开始设置非遗保护方向的硕士专业。非遗保护工作开展初期，不少学者认为非遗应"原汁原味"地保护，不应该让其他艺术形式、思想观念等对非遗产生影响。但 20 多年的保护实践不断证明，在不改变非遗技艺的前提下，艺术设计介入非遗保护反而使项目传承更具生命力。生产性保护对传统技艺类非遗项目价值的提升就是例证。此外，艺术设计介入非遗宣传展示，也有助于更准确地表现非遗的真实性、传承性、活态性和整体性。

其一，艺术设计是提升非遗项目特色的有效方式，能够保持并凸显非遗项目的真实性。

艺术设计能够较为系统地整合、提炼非遗项目的形态特征，并形成客观真实的概念表达。许多非遗项目都是传承人多年如一日思考后的智慧结晶的呈现，本身就是展现我国优秀传统文化元素的艺术品。如借鉴人物、动物及植物形象的年画、剪纸和泥塑等技艺，既体现了古人仿生学的思想，又不断融入了传承人熟能生巧的技艺和创意理念。这类项目自古以来的传承就是国人智慧及设计理念的延续。

　　非遗的宣传展示可以从两方面入手：一是可以综合分析并提炼出非遗项目最为直观的形态、符号等元素，艺术化呈现非遗本体的形态特征，如以黑色为主色，并配以红色、绿色和黄色的河南泥塑泥泥狗（图3-1）；二是可以具象化表达非遗项目中"非物质化"层面的意境和思想，在保留项目技艺特色的前提下，提炼出非遗项目的典型特征，这类设计作品极大地增强了非遗项目的辨识度，提升了视觉效果。（图3-2至3-4）

图 3-1
河南泥塑——造型质朴辅以鲜艳色彩的泥泥狗。

图 3-2
在这幅以"壹团和气"为主题的剪纸艺术作品中，无论是色彩搭配还是线条纹样都包含了丰富的设计艺术思想，恰当地表达了华夏民族人民和平共处的和谐观，也是我国传统审美思想的最好反馈。

图 3-3
潍坊世界风筝博物馆的风筝。

图 3-4
四川省非遗馆的草龙。

通过艺术化的展示设计手法，可以有效提升项目本体和场馆环境的视觉效果，增强辨识度，从而更有利于非遗项目的宣传。

图 3-5　　　　　　　　　以竹子、普通木材为琴体的传统独弦琴。

　　针对某一非遗项目所用器具、实物的艺术设计是凸显项目特色，加深民众对非遗项目的认可度、辨识度的关键。如广西独弦琴原本是用普通的木材或者竹子加工制作而成的，现在的独弦琴制作则加入了合理的纹样雕刻设计，以及选择优质木料制作琴体造型，创造出了既能凸显民族乐器风格，又更适宜于现代演出的独弦琴。（图 3-5 至 3-6）

图 3-6　　　　经过艺术设计加工后的独弦琴，造型和纹样都更具民族乐器的特色。需要注意的是，用于演奏的独弦琴，其支撑底座如能采用更为传统的竹子或者普通木质材料，那么发声和扩音装置就可以更隐蔽一些，这与独弦琴这一民族乐器本身的形态更为协调。

其二，艺术设计可以活态化、整体性展示非遗项目。

艺术设计有助于非遗的活态展示，强化非遗项目成果在人们现代生活中的应用。表演艺术类非遗项目涉及的道具设计、舞台美术设计，民俗类，体育、游艺与杂技类非遗项目涉及的服装设计、场景设计，都可以发挥设计师的丰富想象力，增强观众的审美体验，为非遗的活态展示提供多样化的方式。不少项目由于时间特定或者传承条件的限制，难以在非遗馆中全面呈现，但设计师可以根据项目特征，通过音视频剪辑合理地展现礼乐、庆典等项目，活态化展示项目原貌。

非遗项目的表现形态各式各样，具有广延性，涉及形状、质地、颜色等先天属性，反映人类精神面貌、气质等，与文学、历史等学科密切相关，想要将这些特质罗列清楚并形成一个完整的体系是困难的。设计艺术则是在把这些多样的形态归纳总结出来的基础上，让观众得以更全面、便捷地了解与认知非遗项目的关键。如广西河池地区的壮乡铜鼓以铜鼓为载体，承载了民间习俗与人们的思想观念，实现了娱乐、审美、集会和驱邪避灾等丰富的功能；且在后世的传承中，其逐渐演化出对音乐演奏、神话传说与民间故事的综合表达，继而发展成为一种特有的、功能多样的民族文化习俗。而在铜鼓的器型、纹饰乃至音乐演奏场景中，艺术设计发挥了其"补拙融巧""雅俗共赏"的作用，让铜鼓文化习俗在传承中更加具有形态识别性，也更易于让人们从精神观念、社会功能等角度去理解和认知。

其三，设计艺术是提升非遗成果品质且更好传承和利用非遗成果的有效途径。

传统戏剧、传统音乐、传统舞蹈类非遗项目作为文化遗产，其传承人是发挥项目功能的关键。因为"非物质文化遗产的传承是通过传承人的口述或口述表演、身体示范或表演、综合示范或表演等进行的，传承人既是遗产的接受者又是创造者"[1]。对于当前非遗成果有效转化的良好局面，传承已不再局限于对原有知识、技艺、观念等的传播和对成果的简单复制，而是借助多种艺术设计方法，完成非遗项目的融合与借鉴，继而推陈出新，呈现出更具创新性的非遗成果。例如，各民族纺染织绣类非遗项目在图案纹样、材质选择等方面的相互借鉴更有利于项目技艺的传承。同时，非遗与现代艺术设计的结合也能扩大非遗影响力，如食品类非遗项目的包装设计、广告制作、网络视频拍摄等都需要艺术设计的介入。此外，艺术设计对于美化非遗传习环境，改善与非遗项目相关的历史文化街区、古村落面貌，强化乡村振兴和文化生态整体性保护也多有助力。

---

[1] 宋俊华：《非物质文化遗产概念的诠释与重构》，《学术研究》2006 年第 9 期，第 120 页。

艺术设计介入非遗宣传展示的实践方式

艺术设计作为艺术学的重要学科，包括平面设计、广告设计、环境设计、视觉传达设计、网页设计等不同的方向，并且这些专业领域已经各自形成较为完善的学科体系，设计程序日趋规范化。不同方向的设计专业应选择不同的、适合介入的非遗项目类别，从提升非遗宣传、展示效果入手，遵循"介入到位而不越位"的理念，更好地为非遗项目的传播与传承做出应有的努力。

一、主题营造与场景设计

一个综合化的非遗展示场馆，首先应该全面观照到所有非遗项目类别。传统技艺和传统美术类非遗项目实物可以采用传统的展示方式，如展柜、展台、展板等，部分项目的技艺成果可以在天棚、展墙等地方展示，如油纸伞、蓝印花布、风筝等；表演艺术类非遗项目应在充分尊重传承人意愿的基础上，让更多社区群体自发自觉参与其中，这也是该类非遗项目传承的方式之一。艺术设计在表演类非遗项目的展示中应从展示规模、展示场景等要素入手，依据展示活动主题，设计规划活动空间、项目展示区域和观众参展路线等，并在此基础上根据不同展区的非遗项目类别，确定展示功能分区。非遗项目的表演活动需要编导和舞台美术设计师等专业人员共同完成动作编排、舞台背景、灯光、音响乃至宣传海报、节目单等的设计，以增强项目的感染力。艺术设计专业既可以介入演出场景，也能在表演舞台或者空间氛围营造上有所作为，创造出时间轴式、生活场景式的展示场景，在展示活动中呈现出多种设计方式并用的综合化设计。（图 3-7 至 3-8）

图 3-7　　2023 年 2 月，在陕西榆林举办的"非遗融入现代生活"现场交流活动和同期举办的首届中国非物质文化遗产保护年会，从主题表达到现场环境营造，从项目标牌到后期宣传，设计艺术全方位地介入了非遗宣传展示，提升了宣传展示效果。

图 3-8　　2023 年 11 月，在江西上饶举办的"中国原生民歌节"的舞台及演出借助异形 LED 屏的穿插组合和灯光、色彩等营造氛围，强化了现场的艺术氛围和感染力，突出了活动主题。

二、多媒介、综合化的宣传展示设计

网络媒体、广播电视、报纸杂志是非遗宣传展示的主要媒介。设计艺术已经广泛应用于各类媒体中，并形成了许多典型案例。内地短视频创作者李子柒在创作的短视频中，将唯美的自然环境、真实的生活场景和部分非遗项目联系起来，通过意境深远的中国风画面，让国人了解了非遗之美，感受了传统文化的意蕴；更重要的是，在这个随时代而变化万千的社会环境中，以小见大，生动形象地讲好了中国故事，潜移默化地完成了以非遗为代表的中华优秀传统文化的广泛传播。

节日庆典等民俗类非遗项目兼有《公约》中文化空间的特征，需要利用多媒介、综合化的宣传展示设计。平面、广告、服装、舞美等方面的专业设计人员应前置性地介入，完成人物形象、舞台和宣传等方面的美术设计；展示过程中需要有摄影、录音等专业人员完成音视频采集及录制；展示活动后期需要新媒体工作人员完成活动宣传片、纪录片等媒体资料的制作。如关于端午节期间各地的赛龙舟，广西的京族哈节，山东荣成的渔民开洋、谢洋节等活动，就需要对真实记录现场的视频进行艺术化的剪辑处理，从而制作出便于网络传播的短片视频。

三、非遗主题环境的营造

非遗馆展示空间应在"物化表达"与"隐喻"两个方面寻求突破："物化表达"是直观地展示非遗实物及其成果；"隐喻"则是更高层面的追求，是透过现象看本质，需要通过不同设计手法的综合运用，根据不同的主题要求，在场馆展陈环境中借助各类装置或辅助设备完成非遗项目的展示与宣传。

艺术设计已经全方位地介入非遗馆、非遗工坊、非遗传习所等场馆（所）的建设，一般是从非遗类别、项目内容和表现方式入手，结合各地文化特色，依据场馆（所）的体量、建设目标、运营模式，合理建构建筑空间与展陈布局，提高场馆建设水平和展陈效果，突出非遗主题，营造艺术化、沉浸式的环境氛围。非遗主题环境的营造除了硬件设施和多样化的展示方式外，检票员、讲解员等工作人员也可以穿戴具有中国风的传统服饰，这样可以增强人与非遗主题环境的协调性。

四、旅游场景设计及应用

艺术设计在旅游中可以起到重要作用，包括提升游客视觉体验、优化景点环境、创新游览方式等。艺术设计可以结合景区内典型的文化元素，多样化宣传当地文化，提升旅游景区的品质和竞争力，促进旅游产业可持续发展。而景区内餐饮及游客集散中心的室内外环境设计、建筑景观设计，甚至洗手间等区域的设计，一般都需要不同专业的设计人员完成。（图 3-9 至 3-10）

设计艺术在非遗进校园、进景区、进社区中发挥着重要作用，助力青少年、社区民众了解与热爱非遗；进景区则更增加了非遗的活态化展示效果，增加了旅游景区的文化活动内容。例如，结合现代审美需求设计完成的羌族刺绣、羌笛演奏及制作技艺等非遗项目在四川茂县古羌城中的展示，传承人在景区现场制作并销售的具有地方文化特色的非遗文创产品等，都为丰富和优化旅游景区内容提供了帮助。

城市中的历史文化街区可以通过集中展示非遗项目和售卖文创产

图 3-9　　广西崇左凭借优美的自然环境建设的旅游景区舞台实景。该景区融合了住宿、餐饮、演出等多种空间，图片远景中展演舞台的特殊设计便于人们在阴雨天气演出，演出的节目内容多以当地的民歌为主，这类"景区＋非遗"的模式让游客加深了对广西非遗项目的了解和认知。

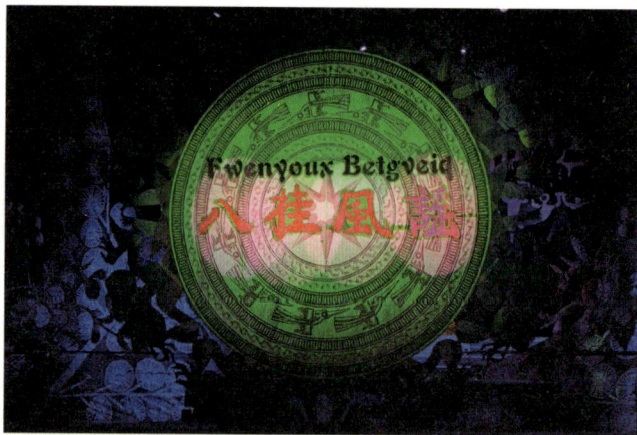

图 3-10　　广西壮族自治区在北京举办的"八桂风谣"展演活动舞台背景。其将广西的铜鼓纹样用于舞台设计，用广西典型的民族文化元素强化了展演效果，恰当地呈现了地域文化特征。

品彰显特色文化。如浙江省宁波市将本可以高价出租的店铺免费用于非遗展示，将街区专门改造成人们体验非遗项目的文化空间，并集中展示非遗相关的文创产品，为市民及游客提供非遗研学服务，让非遗从"进社区"转变为"在社区"，提高了非遗的社会认知度，为非遗相关成果的转化提供了平台。在旅游景区中，通过设计以非遗项目的展示为主要观光景点的旅游路线，也能强化游客的观光体验。不少景区早已开始以非遗项目为基础创编文艺演出，从而吸引游客、留住游客。如广西阳朔的《印象刘三姐》实景演出，其创作素材就是广西的民歌艺术；西安市流光溢彩的大唐不夜城是舞台、灯光、服装、平面等多种设计艺术共同介入的成果，让观众们得以梦回大唐，感受秦川大地三千万儿女齐吼秦腔的壮观，进一步了解三秦地区百姓坚韧不拔的性格。

五、非遗文创产品的设计与开发

非遗文创产品要与非遗项目本体区分开来。举例来说，传统美术和传统技艺类项目本体包括技艺技法、制作流程、成品实物等一系列过程及产生的结果。如关于传统手工造纸技艺，其项目本体不只是一张成品的纸这个物质载体，还包括选材、打纸浆、抄纸、晒纸、裁切等，可以细分为 100 多道工序。而非遗文创产品不属于非遗项目，它只是承载某一非遗项目元素或表现某一非遗特征的文化创意产品。

带有民族刺绣纹样的箱包、服饰，以及非遗数字藏品均属于非遗文创；某些特殊的酿酒技艺、醋和酱油的酿造技艺、面食制作技艺等项目中的"技艺"虽然是非遗，但技艺产出的成果，酒、醋、酱油和各类食品则不属于非遗，而只是利用非遗技艺生产出来的产品；以民间文学类非遗项目为基础编写出来的故事书、绘本等属于非遗项目的成果，是典型的文化产品。非遗文创产品的开发和各类非遗项目成果的运用是艺术设计各专业可以深度介入的领域。制作数字藏品时，可提取某些非遗项目的标志性符号、概念，以独特的三维动态化效果，强化非遗项目的深刻内涵，发挥新媒体在非遗宣传方面的作用。服装、箱包、工艺美术品等都是非遗文创产品开发涉及的重要领域。如将各民族刺绣、雕刻等传统技艺融入服装、围巾、女士手提包等物品的设计中，以开发出既具有民族风情又具有时尚感的现代产品。又如，根据不同人群的喜好完成的小幅面的唐卡，针对不同年龄段消费者的需求及汽车、办公室等不同环境设计的香包，各民族特色造纸技艺在书画材料、手札、包装等物品上的延伸应用等，都离不开艺术设计的介入。杭州亚运会期间杭州老字号王星记以特色制扇技艺制作的扇子，从所用纸张到扇面绘画、扇骨制作都充满了典型的传统文化元素，深受各国运动员和参会人员的喜爱。（图3-11至3-12）

图3-11　　　　　以壮族织锦技艺结合皮革面料织造的纹饰优美、极富民族特色、深受女士喜爱的手提包。

图 3-12　　　　　　　杭州亚运会期间展出的富含折扇、剪纸等多种非遗元素的非遗文创产品。

　　在艺术设计介入非遗宣传展示的过程中，尤其需要掌握好介入程度，要以非遗本体的表现形式为基本参照，不可因过分追求艺术设计效果而弱化非遗项目的本体特征。

艺术设计介入非遗宣传展示的路径

艺术设计应该遵循设计规范和形式美等相关法则，在介入非遗宣传展示之前，需要对照非遗项目深入开展实地调研，确定设计理念及艺术表现方案，明确设计目标和主题，选择合适的设计方式，形成设计作品，完成环境或场景营造，在收集反馈信息的基础上修改、完善和优化设计方案，最终将非遗成果推向市场，完成非遗文创产品的开发。基本设计流程如图 3-13。

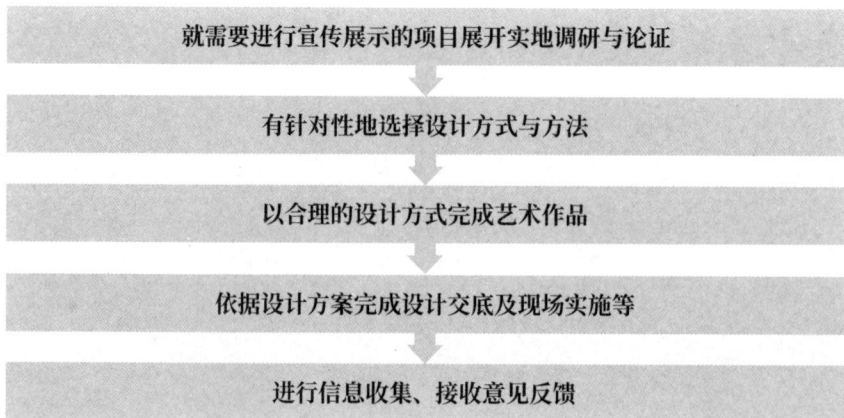

就需要进行宣传展示的项目展开实地调研与论证

有针对性地选择设计方式与方法

以合理的设计方式完成艺术作品

依据设计方案完成设计交底及现场实施等

进行信息收集、接收意见反馈

图 3-13　　　　艺术设计介入非遗宣传展示的路径。

一、在非遗项目本体中融入艺术设计

在非遗项目中融入艺术设计应以遵循传承人的意愿为基础，一方面设计师可以自主设计开发，另一方面也需要引导传承人完成作品形态、形式的设计与开发。以夏布为例，现代人的需求已经不再停留于夏布的制作材质，而是更需要符合现代审美要求且便于使用的夏布产品。这也是现代让非遗融于生活，在生活中保护非遗的诉求。重庆荣昌夏布织造技艺代表性传承人綦涛通过选用纯天然的苎麻，突破夏布的软化和染色两个技术难题，结合传统吊染染色工艺，以极富层次感的渐变色晕染布料，制作出更实用的夏布。而用夏布制作出来的围巾则是质感通透、抑菌防蛀，且雅致、舒适、透气，集非遗技艺传承、美观、实用于一体，紧贴时代要求，彰显了自然、质朴、典雅的艺术格调，成为夏布在当代创新应用的典型案例。此外，关于柳编、竹编、草编、玉雕、木雕、石

图 3-14　　　　　　　　加强了各部分材料质地对比的木雕技艺作品更具艺术感染力。

图 3-15　　　　　蒙古族皮艺可以广泛应用于唐卡、箱包、服饰及其他艺术装饰品中。

雕、皮艺、漆器等传统技艺类项目，各代表性传承人均采用合理的艺术手法，或改变色彩搭配，或增强材料质地对比，或增添形式美感，使项目成果的感染力通过宣传与展示得到了加强。（图 3-14 至 3-15）

二、通过版面设计展示非遗知识，增强艺术感染力

非遗展示展览所用的宣传与展示手段既有传统的纸质媒体，又有

音频、视频等现代媒介。无论是展示非遗项目概况，还是介绍传承人传承情况，都需要制作大量图文并茂的版面设计作品。设计版面时，既需要合理选择排版方式，美化版面内容，又需要考虑选择不同质感的材料以制作纸质海报。在图片、字体的选择方面也需要遵循一定的艺术设计原则，选择最能展现非遗项目特征的人物或场景图片，辅以易辨认、清晰的字体，进行合理的图文混排，围绕充分展示非遗项目相关知识这一要求，提升图文版面的艺术感染力。

三、非遗主题动画等相关影视作品创作

从寓言、传说、神话、史诗等通过口口相传留存下来的文化遗产中衍生出的民间文学类非遗项目，可以充分借助三维动画设计，制作成影视动画作品，让更多青少年群体了解非遗。影视动画的设计制作有二维平面和三维立体两种形式，表现手法包括中国传统的水墨、皮影、剪纸等，可根据不同题材选用合理的方式进行设计制作。如孟姜女传说、梁祝传说、仓颉造字传说等非遗项目，就可以与中国水墨画、剪纸或皮影这类形式结合起来，而江格尔、格萨（斯）尔、玛纳斯等史诗类项目，则适宜通过三维动画设计完成人物形象、场景的制作，优化宣传展示效果。多年前，国内的艺术家已经利用具有中国传统风格的创作手法完成了《小蝌蚪找妈妈》《美猴王》《葫芦娃》等电视动画片的设计制作。这类影视作品采用了传统艺术的表现形式，时至今日仍能让人感受到中华优秀传统文化的艺术魅力。

此外，现代影视作品的创作需要人们深入分析剧本，了解观众的喜好，与非遗展示相关的影视作品则需要借助多种艺术设计手法完成从

图 3-16
非遗的展示需要注重展示效果，可以参考李子柒制作的视频中蕴含的合理要素，譬如人物与景物比例合理、画面虚实关系得当、意境唯美等。

人物形象到画面效果的专业设计，从而形成更具观赏性的画面，方能吸引更多观众。如短视频作品创作可以借鉴李子柒拍摄及制作的视频，她通常以唯美的画面与深远的意境吸引观众，强化传播效果。

四、非遗馆展览及展陈设计

非遗项目的丰富性决定了非遗宣传展示方式的多样化。就非遗馆的建设和主题文化交流活动而言，往往是多种设计方式的综合运用促成的结果。非遗馆的设计，从建筑到室内环境，从纸质宣传海报制作到网络宣传所需的视频拍摄等，都需要不同专业的艺术设计人员参与。由于非遗代表性传承人的传承谱系、项目的流布区域、表现形式的异同，以及与之相关的实物和场所，都是反映非遗项目全貌的基本要素，基于此，在非遗馆展览路线的设计中，要做到灵活多样，以点线面结合的方式为观众提供便捷的观展路线，将具有地域文化影响力和感染力的项目布置在展厅的核心位置。如建设河南省非遗馆时需要为豫剧、少林武术、河图洛书传说等项目留出重点区域，西藏非遗博物馆则必须为藏戏、藏药炮制技艺等项目留有展示空间。

非遗馆艺术化的宣传与展示需要确立设计主题，拟定如"壮美广西""齐鲁印象""老家河南""美丽的草原我的家"等与地域文化相关的主题，并充分考虑藏（展）品的数量以及可用于展示的项目形式，围绕主题开展设计。展陈设计应总体把握传统、仿古、现代等不同类型的设计风格，考虑色彩、材质，以及温度、湿度等方面的特性进行施工。除此之外，场馆内部的标志及外部的环境也应通过艺术设计来提升视觉效果。

非遗馆展览及展陈设计中现代科学技术的运用，为非遗的宣传与展示提供了更多可能性，但注意不应一味追求高科技设备和多媒体技术的运用。一旦过度关注展现非遗项目外在形式，就容易弱化非遗项目本体的艺术感染力，减弱项目与观众之间的情感沟通。

五、非遗馆标志设计

标志（logo）是建立品牌形象最为核心的要素，也是表明产品、场所等事物特征的识别性符号，它以简洁、醒目的形象、图案或文字为设计语言，具有表达意义、传达情感和指示行动等多方面的作用。人们通常所说的"标志"又可以细分为徽标和商标。标志作为传递综合信息的媒介，也是企业无形资产的组成部分。一个优秀的标志对企业形象的确立、宣传以及 CIS（企业识别系统）的战略意义深远。现代的标志注重功用性、识别性、审美性、持续性和简洁性，强调传达、沟通、人性化等特点，多采用简洁的几何线条，紧密联系企业或商品名称，体现了现代人的审美意识。如果我们现在所用的手机应用程序缺少了标志性图案，会严重影响其辨识度。一大批著名的现代企业（如 IBM、可口可乐、中国银行、海尔、松下等）拥有的标志，成为人们认可企业及其产品的文化符号，也成为企业重要的无形资产。

非遗馆建成后，为便于观众识别并强化对场馆的记忆，一个寓意恰当且简洁明了的专属标志对非遗馆形象的确立非常重要。标志可以起到概括场馆功能、展现文化形象、加强对外宣传等方面的作用，便于观众识别。以标志为核心的标识、标牌设计具有指示方向、传达象征意义等方面的重要作用。以改变汉字形状的方式设计的标志，便于观众记住场馆的名称和含义，而符号化、图形化的标志则可以传达象征意义。由于标志往往具有独立的视觉形象，不受语言文字的限制，所以已成为传达信息最为直观的载体。

标志不仅是品牌形象的灵魂，也可以浓缩一个场馆的文化内涵、行业特征与观众认可度等。一个经典的标志需要以合理的设计构思为基础，精准提炼美学符号，融入丰富的内涵，以确立其独特性、创新性和唯一性，最终形成良好的辨识度。

图 3-17 中国国家博物馆标志。

图 3-18 河南博物院标志。

图 3-19 故宫博物院标志。

图 3-20 苏州博物馆标志。

　　许多场馆的标志主要以其建筑外观形态为元素设计而成，具有高度的辨识性。将标志合理运用于展览海报、网页设计，以及日常宣传用品的设计，有利于观众快捷识别场馆，在提升场馆影响力方面具有不可替代的重要作用。（图 3-17 至 3-20）

　　一座大型的非遗馆内必须放置各区域的布局图。不同区域的布局图可以明确相关展览所处的位置，有效引导观众观展，便于观众寻找洗手间、休息区等区域，缩短在展区内不必要的停留时间。在设计这种平面布局图时，应遵循简洁明了、图示准确、便于查询等原则。（图 3-21 至 3-22）

图 3-21　　　　　　　中国非遗馆各层平面布局图。

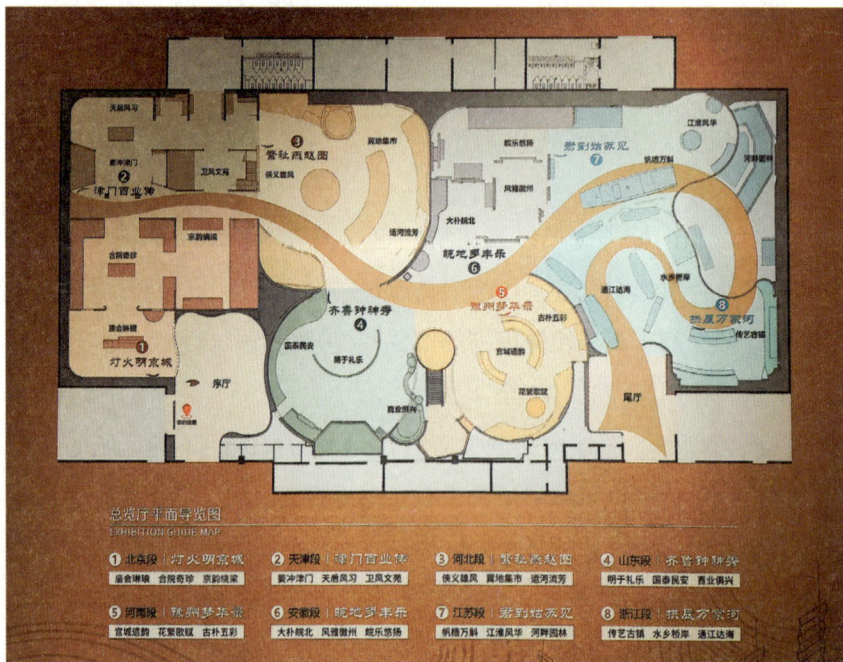

图 3-22　　　　　　　沧州中国大运河非遗展示馆平面布局图。

第四章

非遗馆
展陈设计

我国广阔的地域和多民族文化共同造就了今天丰富多彩的文化遗产。"千里不同风，百里不同俗""一方水土养一方人"，我国每一地域的非遗项目都有其不同的风格特征。非遗馆展陈形式和设计方式要深度围绕展示中华优秀传统文化，让非物质文化遗产"活起来"这一命题。展陈设计应大处着眼，小处入手，强调不同地域的文化风情、风貌。我国广阔的土地上文化特征鲜明，从地域上看，齐鲁文化、岭南文化、巴蜀文化、吴越文化、三秦文化等各有风采；从性质上看，游牧文化与农耕文化各有千秋；从民族上看，五十六个民族文化各美其美。非遗项目的形成、发展与传承和这些文化形态密切相关，因此非遗馆的展陈设计应充分融入上述文化元素。

非遗宣传展示的目的是让观众体验非遗的"全过程"，更深入地了解非遗。要避免让观众被动、单向地接收信息；要致力于营造具有高度审美体验的空间环境，通过精准、细致的设计语言赋予展陈空间以艺术格调；要满足观众观展过程中情感交流的需求，这要求非遗馆的展陈设计遵循一定的设计原则。德国设计师迪特·拉姆斯于20世纪80年代初提出，好的设计应具备10大原则。"他认为优秀的设计应该具有创新性、实用性、审美性、通俗性、低调性、诚实性、持久性、细节性、环保性、简洁性。"[1] 这 10 大原则的延伸意义是创新（Innovative）、实用（Makes a Product Useful）、唯美且符合审美诉求（Aesthetic）、能够被人理解（Product to be Understood）、不张扬（Unobtrusive）、诚实（Honest）、坚固耐用（Durable）、细致入微（Thorough to the Last Detail）、关注环境因素（Concerned with the Environment）和尽可能少（As Little Design as Possible）。如今，这些设计原则依然通用于各设计艺术门类。迪特·拉姆斯的 10 大设计原则作为人们评价设计作品好坏的至高标准，有助于我们反思现阶段非遗馆展陈设计中存在的问题，并为其注入新的设计思想。

---

[1] 刘蔚娴:《迪特·拉姆斯的"好设计 10 原则"在博物馆展陈设计中的运用》,《湖南包装》2021年第 1 期, 第 140 页。

第一节

非遗馆展示内容

一、展示具有重要价值和文化特色的非遗项目

每个地区每个民族都有引以为傲的不同类型的非遗项目，从江格尔、玛纳斯、格萨（斯）尔到梁祝传说、董永传说、孟姜女传说，从剪纸、年画到各地的纺染织绣，从京剧、豫剧、川剧到各地的非遗美食，社会公众都耳熟能详。但因受到城镇化和现代化进程，以及娱乐方式的多样化、知识获取的碎片化等各方面因素的影响，这些非遗项目的技艺特点、文化内涵正在逐渐流失。基于此，为利用非遗项目讲好地域故事、民族故事，继而讲好中国故事，重点结合各地非遗项目，汲取最能代表当地文化特色的元素，统筹非遗馆展陈设计尤为关键。以河南的马街书会为例，作为中原大地上自发形成的曲艺行当交易集会，它是中华民族优秀民间文化和民风民俗传承与发展的活化石。每年农历正月十三，天南海北的说书艺人携带着鼓、琴等乐器汇集于河南省宝丰县马街，以天为幕地作台，说书献艺，异常壮观。多年来，马街书会吸引了全国各地的群众，造就了一批又一批优秀的说书亮艺之人，成为非遗在民间自发传承的典范。如果为这类文化活动在非遗馆开辟专门的展示平台，将有助于

我国曲艺的繁荣发展。在展陈环境设计中，设计师既需要考虑空间的布局和组织形式，也需要对马街书会这一文化现象的形成、发展和面临的问题进行解释。以河南为例，与河南安阳殷墟文化、开封的清明上河园、洛阳河洛文化等有深度关联的非遗项目，在展示方面均应予以重点强调。

对于具有民族特色的非遗项目来说，其展示难点在于以何种形式向观众展现项目的基本面貌，并让他们感受到项目中蕴藏的价值。例如，赫哲族伊玛堪是中国东北部赫哲族人民长期以来世界观和族群历史记忆的重要组成部分，其用赫哲语叙述，采用诗歌和散文的形式，传唱赫哲族英雄战胜恶魔和入侵者的故事。伊玛堪表演者在没有乐器伴奏的情况下即兴创作，唱和说交替进行，并利用不同的旋律来表现不同的人物和情节。由于赫哲族没有文字，所以伊玛堪这类非遗项目在保护母语、宗教、信仰、传说和习俗方面发挥着重要作用。然而，随着现代化进程的加快和学校教育的规范化，赫哲族人民的母语已濒临消亡。这已成为伊玛堪口头传统可持续发展的主要障碍。此外，我国的布依族、哈尼族、傈僳族等少数民族也因为没有本民族的文字系统，许多非遗项目只能以本民族语言口口相传的方式传承。类似伊玛堪、苗族古歌等这类难以用本民族文字记录的非遗项目在宣传展示设计中，既需要考虑以不同的文字对其进行记录，描述清楚项目中所表达的故事内容，还需要用汉语、英语等不同的语言讲好这些民族文化故事。

二、展示传承人的传习活动和持有技艺

非遗活态化传承在保护实践中存在诸多问题，在展示方式上有一定难度，这与许多项目在日常生活场景中难以被创新应用有着直接关

系，最典型的当数我国传统编织技艺类项目。由于生活便利化需求，竹篮、竹筐、竹席等编织类器物逐渐失去了当代的应用环境，淡出了人们的视野，掌握这类技艺的传承人也越来越少。同样，受全球文化一体化的影响，各民族服饰及其制作技艺、各地方剧种等在现代生活中也逐渐被更为时尚的服装和更具吸引力的娱乐方式代替。此外，传承人老龄化问题也较为严重，甚至不少传承人已经离世。基于此，如何通过音视频方式记录在世的相关传承人，将其传承场景记录下来，并在非遗馆中完成展示宣传，让更多非遗项目具有应用于生活的可能，从而让更多人了解这些濒临失传或已经失传的非遗项目是至关重要的。只有让非遗项目技艺以多样化的方式活态存在于一定的环境中，才能使之更为形象、具体和生动。所以，非遗馆内应该设置可以用于现场传承的实践空间或项目体验空间，并邀请传承人现场展示与展演。（图 4-1）

图 4-1　　　　　2023 年 8 月，新疆阿克苏地区柯尔克孜族的大人和孩子们身着传统服装演绎英雄史诗《玛纳斯》的盛况。这类活动可通过拍摄视频、照片等方式记录下来，完成数字化保存，以便在非遗馆中展示。

　　传承人既是非遗项目的持有者，也是最能整体、全面呈现非遗项目内容的关键。非遗馆展示理念应该以传承人的传习活动为基础，并通过现场展示，艺术化地传达给观众。这一过程还应兼顾培育传承群体和非遗爱好者的作用。如就祭典、庙会等民俗类的非遗项目来说，群众的参与是传承的关键。人们之所以认同、喜爱并参与非遗相关活动，一方面是因为群众对文化生活的诉求，另一方面则是因为民俗类文化活动长期以来的影响力（图4-2）。这类非遗项目在非遗馆中应该借助一定的场景予以展示。如浙江省非遗馆和绍兴的中国黄酒博物馆把轿子这一典型传统婚礼元素与泥塑人物相结合，形象地展示了杭州、宁波一带"十里红妆"的婚礼习俗。

图4-2　　2023年4月，山东省荣成市每年一度的渔民开洋、谢洋节在成山头景区举办。这类场景化、仪式化的活动应通过全方位地录制视频、拍摄照片等方式完成数字化记录，并在非遗馆及相关非遗宣传保护工作中广泛传播。

三、深度展示非遗项目的内生价值

非遗项目的内生价值是优秀传统文化的基因，是我们要保护传承的关键。虽然非遗概念已经广为人知，但是由于各类非遗项目的属性、传承方式等不同，许多人对于非遗项目的本体、项目成果及表现形式等内容存在很大的误解。非遗项目中蕴含着某一民族或群体的文化基因，沉淀着社会和历史发展的经验和智慧，同时又影响并延续了某一民族或群体的生活状态和社会行为，从而形成特有的文化符号和群体意识。非遗中蕴含的内生价值由于人们内心情感的需要而在多元的世界中得以传承和存续，成为一个民族或群体区别于其他民族或群体的重要标志。比如，佛教音乐与西方交响乐差别巨大，佛教音乐展示的是清净和雅的声乐、器乐和仪式音乐，在净化人们心灵、陶冶人们情操方面发挥重要作用，而基本不涉及交响乐中严谨的结构和丰富的表现手段。同样，由于妈祖信俗涉及的祭祀仪式、活动，以及妈祖的故事传说共同构成了该项目的全貌，所以在展示该项目时，应注重展现其在促进家庭和谐、社会融洽、民族团结等方面的深刻精神价值。

四、多样化表达非遗项目中蕴含的思想智慧

非遗馆建设的目标之一是要充分展示非遗项目中蕴含的丰富思想智慧，这往往需要借助一定的器物。如象棋、围棋的棋子、棋盘和棋谱，与中医针灸相关的人体穴位图、经络图与骨骼等比例模型，这些都是可以充实非遗项目展示的素材。以中国珠算为例，算盘当然是必须展示的实物，但也应该展示珠算如何以算盘为工具，并通过手脑配合进行计算的内在逻辑；还应展示珠算的口诀表及珠算对于人的思维和心智开发方面的重要作用。中国珠算具有重要价值，2013年12月，中国珠算被联合国教科文组织列入人类非物质文化遗产名录，因其"为世界提供了另一种知识体系"；著名科学家钱学森教授也对珠算给予了高度评价，他认为珠算是世界第五大发明。关于非遗项目的这种基本情况、传承历史和流布区域等内容，除图文展示外，还应将其纳入非遗展示现场的解说词中，以便于观众深度了解。2023年9月，中国珠算心算协会作为珠算保

护单位，向中国非遗保护中心捐赠了"朱载堉81档大算盘"，该算盘长227厘米，双盘宽37.5厘米，珠子直径2.4厘米，精致典雅。这种超大型算盘非常有利于珠算的宣传展示。（图4-3）

明式家具制作技艺、京作硬木家具制作技艺这类非遗项目，除展出家具实物之外，也应该注重展示家具的榫卯结构及制作原理，还可以设计出小型的插接构件，让参与非遗研学的学生体验制作；蚕丝织造技艺的展示可结合丝绸之路对沿线各国的文化传播展开，以体现沿线地域的历史发展和文化变迁等；传统民居营造技艺、客家土楼营造技艺这类项目可以通过缩小的模型或以三维动画的形式，全面展示建筑的形态、结构、功能布局等内容；与民间文学相关的非遗项目可以采取数字化、装置化、模型化场景，生动再现中华民族的伟大智慧，从而充分展示非遗项目中的丰厚功能与价值。（图4-4至4-8）

此外，与非遗保护相关的工作成就也应纳入展示视野，如以非遗保护为核心的国家级、省级文化生态保护区建设情况，非遗研培、非遗数字化记录开展情况，抢救性保护、生产性保护、整体性保护及其工作成效，非遗工坊、非遗传习所建设情况等。

图4-3　　　　中国珠算心算协会捐赠给中国非遗保护中心的"朱载堉81档大算盘"。关于中国珠算这一非遗项目，除了实物展示外，其在心智开发、脑力训练等方面的重要作用也应是展示的内容。

图 4-4　　　　　客家土楼建筑外观。在展示该非遗项目时，除了令人叹为观止的建筑
形态外，营造技艺、所用材料、建造时间，以及历史上所涉及的故事
等均应纳入展示范围。

图 4-5
通过讲解词，可以让更多观众了解唐卡绘画
所用的矿物质颜料、度量经绘制要求及所绘
题材中有关的人物故事等内容。

图 4-6、4-7、4-8　非遗相关的实物展示应合理地搭配色彩和组建展陈形式，可配合图片介绍、解说词等，以生动阐释其内在价值。如上图中戏剧盔头的展示，既可以直接将其放在展柜中，也可以设计成装置艺术作品，还可以通过提供复制品的方式供观众试戴及拍照以增加体验感。

非遗馆展陈设计目标与方式

非遗馆作为公共文化服务机构，不仅具有普及非遗知识、宣传非遗功能与价值的职责，还有让人们了解非遗、喜爱非遗，以及获得审美体验的使命。非遗馆展陈设计的难点在于既不能完全照搬博物馆、展览馆、图书馆等场馆的职能，但又要部分体现这类场馆在讲述文化历史、数据检索等方面的功能，更重要的是，需体现非遗项目的物质载体、艺术形式、学术研究等方面的内容。从某种程度上来说，非遗馆展陈成果也是一件大型的综合艺术作品，不管是建筑规划还是展览设计，都应该给观众提供美的视觉体验。笔者认为，非遗馆展陈设计应满足以下几方面的目标与要求。

一、按程序合理论证，编制展陈规划大纲

一个严谨、经得起推敲的非遗馆基本展陈策划方案是展陈设计的核心依据，也是其他工作开展的基础。非遗馆基本展陈大纲的构思人员至少要由非遗、博物馆、建筑、管理等方面的专家组成，且需要经过多

轮次的深入论证，充分吸收不同专业人员的意见，必要时需设计出调查问卷，分发给一定的社会群体进行填写。展陈大纲还应参考与借鉴目前已经建成开馆的非遗馆，通过观摩学习找准展陈方向，确认展陈主题。基本展陈大纲的编写应在围绕展陈主题、非遗项目展示方式、空间功能规划、观众需求等方面展开。从了解必要信息到概念性设计，再到确定设计方案后的展陈施工，一般应按如下程序进行。（图 4-9）

详细了解与非遗馆建设有关的报告、批文、建筑设计方案等内容

经论证后形成非遗馆基本展陈设计大纲（文本方案） 讨论、修改及完善

在大纲基础上完成展陈设计概念性方案 包括可视化设计效果图和三维动画演示等

基本展陈设计方案（讨论稿） 根据展陈大纲内容多次讨论后确定

完成基本展陈总体设计方案（确定稿） 含设计效果图、施工图等图纸和影音资料

依据展陈设计方案进行展品布置，并完成施工及后续调整 具备面向社会开馆的条件

图 4-9　　　　　　非遗馆展陈设计基本程序。

非遗馆展陈设计分为临时展陈设计和基本展陈设计两种类型。展陈大纲文本方案的编制需要依照文化遗产形态特征展开分析，梳理不同遗产形态和基本样貌，并围绕建设背景、建设周期、使用功能、布局方式、展陈设计、参观群体分析、非遗项目展示、辅助设施设备等方面展开论述。

建设背景主要是用文字表述清楚非遗馆建设的立项依据、工程建设情况、展陈设计依据等方面的内容。

建设周期包括场馆建筑建设周期和展陈施工周期等，各个周期要根据工作任务形成甘特图。

使用功能要明确非遗馆各楼层或各分区（单元）的功能，这些功能又包括基础设施设备、藏（展）品存放、人员办公、基本展区、临时展区、展演区域、互动体验区域、传承人传习区域、数字化资料存储与检索区域等。上述功能区域要对应所需展示的非遗项目数量和所需面积开展分区域分析论证。

布局方式主要是指展陈设计的方式，如：散点式、流线式、时间轴式、生活场景式、装置艺术式或沉浸式体验等。不同的布局方式需对应不同种类的非遗项目，并规划出合理的观展人流动线。

展陈设计要确立设计中的主题概念和表达形式，要拟定明确的主题。如"守正创新""天府根脉""齐鲁印象""老家河南"等点明主题的关键词，并围绕主题开展设计，同时充分考虑现有藏（展）品和可用于展示的项目形式。此外，要考虑是运用传统风格还是现代风格的室内环境设计，以及考虑色彩、材质、声光电、温度、湿度等方面的要素。

参观群体分析要考虑到人流量和观众的不同身份属性，如教师或者学生、传承人、研究人员等。观展人员的身份属性与每个区域的人流量有关。同时，要提前预估最大人流量和最小人流量的情况，避免出现人流混乱、拥挤或形成展陈"无人区"。

非遗项目展示的艺术效果是展陈成败的关键，要在展陈大纲中明确四级名录项目中用于展览的名称、数量和布展方式。要明确是实物展示、图文展示、多媒体展示、动态演示还是其他展示方式。

辅助设施设备是指现代展示场馆中需要充分考虑的温湿度控制、灯光系统、音乐系统、全息投影或其他方面的内容，要根据不同的展区合理选择。

除上述内容之外，关于标准色彩运用及搭配、指示标志、宣教环境和沉浸式体验设施等也应在规划大纲中予以体现。

二、满足展陈艺术化的设计要求

展陈是展览和陈列的统称，泛指用于展览的空间环境及设施，并将展示环境内的物品按特定的主题加以摆放和展示。展陈是以信息传达为目的的空间环境设计，博物馆、科技馆、博览会，以及各种展销会、展览会，商场的内外橱窗及展台、货架陈设等均属于展陈设计范畴。

展陈设计发展到现在，一直有促进经济发展和文化艺术交流的双重属性。不论是设计潮流的发展还是展陈技术的革新，展陈设计始终以其资讯传播的便捷性和社会文化思潮的敏感性，成为各种先锋思潮的试验场。从 1851 年英国万国博览会的水晶宫，到 1887 年巴黎万国博览会的埃菲尔铁塔和机械馆，再到 1929 年密斯·凡·德罗设计的巴塞罗那博览会的德国馆，然后到 1939 年阿尔瓦·阿图在纽约国际博览会中设计的芬兰馆，最后到 2010 年中国上海世界博览会上各国国家馆的展陈设计，足以构成一部现代展陈设计发展变迁的启示录。这些经典的展陈空间设计，也为今后非遗馆的展陈空间设计提供了优秀的参考案例。

非遗馆展陈设计应符合一般展览设计关于形式美、艺术美的共性要求。例如，对于造型、光线、色彩方面的把握，尤其要重视这些视觉元素在审美信息传播方面的作用。当然，非遗馆展陈设计有其自身的特殊性。博物馆和贸易类展会最明显的区别是博物馆代表着永恒、继承和发展，而贸易展会等一般展览因周期较短，在设计的过程中更注重吸引观众、刺激消费或为艺术活动提供一定的场域氛围等。随着人民生活水平和审美意识的提高，非遗馆在体现民族性、区域性、艺术性方面也有更高的要求，本属于功能性的消费越来越多地渗透进审美诉求，各种展览之间的界限区分得不再明显，不同的设计方式也相互渗透、相互作用，许多展陈设计已经成为集文化、经济、科技等多重属性于一体的复合型空间。非遗馆展陈设计也因此成为一项需要关注更多艺术门类和表现形式的创造性活动。

展陈设计是具有资讯收集、反馈、传播等性质的信息传播工作，应强化以观众为本的思想。现代观众在展示活动中寻求的是交流与对话，而不是训诫和灌输。这不仅要求非遗馆展示的实物能够阐释某一类非遗项目的功能，传达一定的艺术信息，还要求展示内容能够活态化完成信息传播。因此，非遗馆展陈需要通过文本策划、空间规划设计、平面广告设计、多媒体设计等综合化的表现方法，围绕信息传达服务。

当下的展示设计已经发展成为一个多行业、多业务领域整合的产业，涵盖了众多的设计门类及产业形式。如建筑结构设计、空间设计、工业设计、平面设计、广告设计、动画设计，以及与之相关的计算机辅助设计等，特点是多专业共同介入，多种形式综合运用，且与市场关系日益紧密。今天的展陈设计可以被理解为以空间作为资讯传播载体，整合多个设计专业和行业业态，进行高效传递信息和接受信息反馈的媒介。展陈设计以其直观、形象、通俗易懂、生动有趣的方式，为人们提供了一个信息传递与交流的时空平台。非遗馆展陈设计应满足时代信息的传播规律和特征，融入当代精神和人文观念，推动当代展陈艺术不断发展，并为实现科技与文化、传统与现代、非遗与生活不断融合提供一个公共艺术的平台。

三、满足信息传达的要求

展示设计是建立在资讯采集、加工、传播、接受基础上的艺术设计门类，其目标是为资讯传播而服务。展示设计不仅仅是静态的艺术品展示，其本质是媒介方式。展陈信息传达系统是由多个互有联系的子系统组成，具有较多构成要素（物质的或抽象的元素），且按照一定的结构关系组合形成的整体。这一系统会对观众的心理产生影响。非遗馆展示信息的传达并不是简单的信息传播与接受，它的信息传达系统包括创作、欣赏、信息反馈三个子系统。这三个子系统不是静止的，而是处于不断的变化与发展中。设计师需要收集、加工、整理相关非遗信息，并将这些信息处理成观众能接受的图形、符号与结构形式等。在这个过程中，设计师需要考虑人们的生理和心理因素。生理因素主要是指设计中人体工程学专业内容的应用，比如展陈设计中应按照观众的身高确定最佳观展视域范围，合理确定观众与展示空间的大小比例关系等。一般情况下，假如观众的平均身高是 1.65 米，展示空间的高度保持在 2.7 米以上才不会产生空间压抑感，而随着展陈空间面积的增加，这一高度也应适当增加。展品也应该放置在观众的最佳视域范围内，这样观众才不会感到视觉疲劳。此外，还应考虑到观众的审美水平、行为习惯、文化背景等因素。观看展览的观众不善于被动接受信息，在欣赏的过程中，他们会按照自己的需要来获取信息，每个观众由于自身教育背景、生活习惯、社会经历等各方面的差异，在欣赏过程中对信息的接受与反馈也不一样。信息反馈是连接设计师与欣赏者之间的桥梁，如果展陈设计不能及时得到信息反馈并引起设计师的重视，观众就很难认知和接受展陈环境所要传达的信息。

四、展陈内容与展示形式的一致性

展陈内容与展示形式的一致性处理是确保展览或展示活动能够有效传达信息、吸引观众并增强观众体验的关键。要保持内容与形式的统一，需要重点做好以下几个方面的设计。

1. 明确主题与定位。首先要确定展览或展示的基本主题，确保所有内容和形式都紧密围绕这一主题展开。其次，受众定位也应明确目标群体，了解他们的兴趣点、知识背景和期望，以便设计出更符合观众需求的展示形式。

2. 逻辑清晰的内容策划与分类。将展陈内容按照逻辑顺序或故事线索进行编排，确保观众能够顺畅地理解和接受信息。根据内容的重要性和关联性设置不同的展示层次，避免信息过载或混乱，做到层次分明、主次有序。

3. 尽量统一视觉风格。由于非遗项目本来已经具有多样化的形态，因此基本展陈设计中应尽量采用统一的视觉设计元素（如色彩、字体、图标等），确保整个展陈空间在视觉上保持一致性和连贯性。文字、图片、视频、音频、互动装置等展示形式，在丰富观众感官体验的同时，也应采取统一的色彩或材质，同时确保所采取的设计形式能够有效传达非遗项目的内容。大型展陈空间应通过场景复原、模拟演示、互动参与装置等方式让观众身临其境，以深刻感受和理解展览信息。

4. 接受信息反馈与调整展陈设计。通过问卷调查、现场访谈等方式收集观众反馈，了解他们对展示内容和形式的满意度及建议。根据观众反馈和展览评估结果，及时调整和优化展示内容和形式，持续优化展陈设计，确保展陈吸引观众并提升展示效果。

5. 跨平台传播信息的一致性。如果展览或展示同时涉及线上和线下不同的媒介平台，要确保线上线下在内容、风格上保持一致。

非遗馆展陈形式须与展示内容相匹配，要按照展陈总主题确定设计风格是偏于传统还是偏于现代，而且总展陈主题的各个区域的风格也应保持相对一致。如河南博物院大厅入口处的巨型浮雕是以河南的简称"豫"为元素设计而成的，并以一个人推开两头大象的形象明确博物馆所处地域；而"豫"字本身也是一个人牵着大象的形态，恰当地传达了商代时该地曾有人养象、用象这一历史信息。通过这一浮雕设计，河南博物院保证了其展陈主题与所用形式的统一。

现代的展示设计理念越来越强调让观众切身参与到展示活动中，这也要求非遗馆的资讯传达方式应由被动转为主动。强调展示内容与观众的互动性，可以在展陈空间中设计出娱乐性、趣味性的设施，融资讯传播于娱乐体验之中。笔者参与的河南省黄河博物馆展厅设计、北京天洋运河壹号展陈空间设计，就充分考虑了观众的互动性要求，通过在展厅内设置签名投屏等装置增强了互动效果，满足了观众的体验要求。

五、展陈布局类型与陈列方式

（一）非遗馆展陈布局类型

为便于集中展示非遗项目，非遗馆展览陈列可采取中心型、岛台型、阶梯型和景观型等不同的布局形式。

中心型是在展厅中心位置设置展台集中陈列具有代表性的展品，其他展品围绕中心布置的布局形式。中心型布局形式将主要的、重要的展品凸显出来，使展示的主题明确。对观众而言，中心型布局形式能够强烈吸引和集中他们的注意力。

岛台型是将展台以大小均衡的方式平铺式陈列展品的布局形式。在符合展示总体设计主题的要求下，各区域自行布展，各岛台自成体系，相互之间不衔接。

阶梯型是高低错落、前后呈阶梯状的布展形式。这种形式扩大了陈设空间，能容纳更多的展品，有利于展示某一类联系紧密的非遗项目。

景观型是把展品置于与其所处历史环境、生态环境、生活环境相似的模拟环境之中的布局形式，如将蓝印花布布置在茶台或织布机周边。这种布局中的空间环境或景观可以增强展览感染力，将人引入一定的情境中，因而又被称为生活场景化或模拟化陈列。

（二）展区布局结构

1. 水平结构，大型场馆采用较多的布局方式，给人四平八稳的视觉感受。

2. 垂直结构，给人挺拔、向上和有力的视觉感受。

3. 十字结构，用于垂直交叉的展区。

4. 放射结构，容易给人阳刚、开放、扩张、欢快的视觉感受。若放射线有足够的长度且各线段的长度相等，则会给人安全感；反之，放射线短而参差不齐就会给人动感和轻快感。

5. 倾斜结构，以斜线构成布局展区，给人以较强的视觉动感。

6. 曲线结构，有轻柔流畅的动感，会产生灵活多变的空间关系。沧州中国大运河非遗展示馆的展区布局就采用了这一布局结构。

7. 圆形结构，给人以丰满感和整体性的图案美。这一结构的变体形式，即半圆形结构呈扇面状，有舒展、开放之感。

8. 三角结构，有多种变化形式，给人以安定感、稳定感。直角三角形的构成给人安定中的不定动势感，倒三角形的构成给人以不安定的、紧张的动感。

（三）展品陈列方式

1. 吊挂陈列，将展品悬空吊挂的陈列方式，给人活泼、轻快的视觉感受。非遗项目中的布料成品、风筝、油纸伞等可以这种方式摆出相应造型。

2. 置放陈列，一种将展品平稳地摆放于展柜、展台上的陈列方式，充分展现展品的立体结构与造型。

3. 张贴陈列，将商品平展或折叠平贴于墙面、柱面，充分展示展品的材质、花纹、图案等，便于观众欣赏。

4. 夸张与变形陈列，选择展品的某一部分放大数倍或数十倍后制成模型或图像进行陈列，以强化视觉冲击力。

5. 混合陈列，一种随意地组合展品的陈列方式，展品之间不存在逻辑上的联系。

运用上述陈列方式时应注意展品的陈列高度，可采取高位、中位、低位三种高度进行陈列。高位陈列是指视平线以上陈列区位的布置形式。高位陈列通常是让观众仰视观看。在古代宗教祠堂中，神像的位置大多摆放位置较高，祭拜的人需抬头仰望，具有崇高感。中位陈列是接近于视平线高度陈列区位的布置形式。对观众而言，这是最舒适的视觉区域，也是最佳陈列区位。低位陈列是视平线以下陈列区位的布置形式。低位陈列的面积较大，既可摆放体积较大的展品，也可布置数量众多的小体积展品。低位陈列能让人以俯视的目光仔细地参观展品全貌。

从人体工程学的角度分析，观众对陈列高度的适应受人体有效视角的限制，一般陈列高度不宜超过350厘米，经常运用的展示高度是80—250厘米。人体工程学的研究结果表明，人体的最佳视觉区域是在水平视线高度以下40厘米、以上20厘米的区域范围。如亚洲人平均身高为165厘米，最佳的陈列高度应是125—185厘米，需重点展示的商品应陈列在此区域内，这样更容易让观众获得良好的视觉效果。

第三节

非遗馆展陈设计及实现路径

一、通过概念性设计方案验证展陈设计思路

概念性设计是指针对非遗馆基本展陈大纲的文本方案，通过电脑效果图或简单三维动画给出的图示性设计。展陈大纲的编制应与概念性设计参与人同期开展工作，以便统一思想认识，减少重复劳动。展陈大纲确定后，应通过编制概念性可视化方案展开验证，通过草图或三维动画效果图形成直观的图片或动画，让参与展陈的各专业人员直观了解设计意图和要采取的展陈方式，以便逐步修改与完善。展陈空间内的关键内容和重点区域可以通过三维动画的方式予以表现，以便人们直观地感受场馆的功能定位、人流动线、展示内容、空间区域划分等。这一阶段展线布置是展陈设计环节的重点。

非遗项目不同于文物等其他遗产，不能一概通过图片、实物等反映全貌，展示内容也不应是一个个项目图板的简单罗列。非遗项目的传承谱系、流布区域，以及与之相关的实物和场所都构成非遗项目全貌的要素。基于此，展线布置中尤其需要考虑如何灵活多样地反映项目全貌，将充分反映区域文化影响力、体现感染力的项目布置在展厅核心位

置。另外，对于不太适合集中于当前场馆内展示的项目，可设置分馆展示，或在传习场所及室外展区进行展示。

非遗馆展陈设计需要借助新兴的多媒体技术，但不应该过度追求它们能产生的效果。一旦过多借助虚拟形式表达主题，就容易弱化非遗项目的真实性，从而减弱非遗项目与观众的情感交流。

在非遗馆展陈设计中，应加强对非遗项目及其成果的合理利用，强化非遗的宣传弘扬，以守正创新的理念守护好中华优秀传统文化的基因，让非遗项目中精湛的工匠技艺、质朴的人民智慧和丰富的文化思想发挥出无穷魅力，彰显"各美其美，美美与共"的风采，这是非遗馆建设的基本目标和方向。

二、展陈设计原则及设计方式

（一）展陈设计原则

展陈空间有别于其他空间，展陈设计则需要满足观众的三维空间体验。展陈空间环境中的观众作为体验的主体，有别于在商场、餐厅等空间中活动的人们。观众在非遗馆展陈空间中的活动受到时间维度、所展示展品及传承人展示活动等因素的影响，总是在空间中不断获得信息并巩固动态视觉体验。"视觉体验并不是静止、孤立的体验，而是和身体相互作用，移动的视觉在时空中进行连续识别和扩展，从而形成视觉的流动性。"[1]非遗馆展陈空间可以满足观众观展的视觉和心理需求。非遗馆展厅是在三维空间框架内，通过封闭、开放、半开放等不同类型的隔墙、

---

[1]　刘雅仪：《基于建筑现象学的博物馆体验式内部空间研究》，华南理工大学硕士学位论文，2016年，第34—35页。

隔断、装饰等，对空间进行分割或重新构建，而各类设计元素的恰当运用则可以有效提高空间利用率并赋予空间以艺术美感。

展陈空间最大的特点是具有极强的人员流动性，所以在设计时，采用动态的、序列化的、有节奏的展示形式是基本原则。人在展陈空间中处于运动状态，是在运动中体验并获得空间感受，这就要求展陈空间布局做到流畅有序、顿挫有致。中国的园林艺术可为非遗馆的展陈环境设计提供借鉴与参考，园林在空间序列上讲究起承转合、明暗开合，在游览路线上讲究移步换景、情景交融，这些都是非遗馆展陈空间设计值得借鉴的理念。

展陈空间的基本结构由场所、路径、领域三种结构系统组成，其中场所结构是展示空间的基本属性。因为场所反映了人与空间最基本的关系，是观众的存在赋予了展陈空间的时间维度。展陈设计需要满足观众物质和精神层面的双重需求，如舒适的空间环境，获取声、光、色、影、图、文等不同形式的展示内容，安全便捷的空间规划，周到全面的服务设施等。如果不能设计出让人亲近的艺术空间，即便是利用了最先进展示技术的环境也只是冷冰冰的、没有感情的"躯壳"，人性化的展示环境才是合情合理的设计。

保证展陈空间的安全性是最为关键的原则，安全性既包括观众和工作人员的人身安全，也包括展陈空间内各种仪器、机械、装备及模型等设备的安全，如电力设备、升降设备、影像设施等。观众观看展览的动线设置，必须设想到各种可能发生的意外，如停电、火灾、地震等，并做好相应的应急预案。在大型展示活动中，必须有足够的疏散通道和应急指示标志、应急照明系统等。此外，展陈空间设计还要考虑到特殊群体的需求，可通过无障碍设计或志愿者一对一服务，为残障人士等特殊群体提供服务。

（二）氛围营造与总体格调

根据主题要求和所应表达的非遗项目特色，结合展示内容确定展览的总体格调。如在色彩色调的运用方面，书画展等文化类展示，宜选用纯度和明度较低的灰色、暗红、暗黄等；科技类展示则可选择明度和纯度较高的蓝色、绿色、黄色等，并充分利用现代多媒体技术、灯光设计强化科技感。在总体色调确定后，根据主题与氛围要求，设定空间类型和形式，采用开放、围合、封闭或半封闭的处理；在通过灯光设计完成亮环境或暗环境的处理后，确定自然光与人工光的使用。此外，还应充分利用材质、光影、光色等体现主题总体格调。如天花板、地面、墙面适宜选择能表现出传统质感的材料，配以协调色或对比色布光，营造出统一的整体氛围或与其他区域的空间做出分割。

（三）通过空间造型及分割区域强化观展体验

空间造型设计应根据总体功能分析图，先大后小，逐步深入。先设计大的展厅分区和确立布局，再设计各个独立展区，以形成非遗馆总体空间布局组合；先合理设定各展区空间的大小比例（空间体量、位置、大小、过渡等），再对建筑围合空间的墙面、地面、顶面进行功能和技术、造型方面的设计。因不同材料的设置而形成的空间分割，会给观众以不同的心理暗示，带来不同的区域空间感受。主展墙和展品所用不同类型的照明处理，会形成对主次展示对象的层次感塑造。在光影造型方面，如造型灯带在顶面、展示物、地面、墙面等的使用中对主题氛围的营造具有重要作用。天花板及地面分割线、界线光带等对氛围的烘托和设计感也有影响。各展区空间关系可采取递进、并列、重复、对比等方式。非遗馆体验空间应结合观众的观展需求，充分调动观众的感官体验，尽力获得最佳的信息传达效果。沉浸式体验设施可以全方位地使人与空间产生交流，让人们强烈感受到建筑空间本身与展示的艺术品所传达的信息，从而让观众与展陈空间环境和展品之间均产生良好互动。

（四）合理运用设计语言营造空间序列

展馆展厅的独特设计语言离不开各类设计元素，如实物展品造型设计、版面设计、灯光设计等都是展厅设计需涉及的领域。独特的设计元素和合理的设计手法可以彰显主题。设计元素和法则的使用要充分体现设计主题和空间格调，为展现具有层次感、秩序感的空间序列营造服务。

非遗馆展陈设计的空间组织，应结合非遗项目营造出一定的文化意境，通过空间中"虚"的部分反衬出空间中"实"的内容。多媒体技术、投影屏幕、各类场景还原、半景（全景）画面空间、大型浮雕或雕塑、实物展柜、图文展板等都属于辅助艺术形式，是为非遗主题氛围的营造而服务的。展示空间中还应注意不同展示区域之间的关系分析，不同功能空间中内容的相互关联分析，处理时可用功能分析图确定空间动线组织。空间动线组织要做到逻辑顺序合理，按照开始、发展、体验、高潮、尾声的次序建立序列，通过并列、穿插、回环等方式为不同空间塑造不同的布局。

三、设计方案深化与设计图纸绘制

展陈文本大纲是非遗展示工作的基础，是经过论证确立下来的指导性、纲领性文件。要依据展陈大纲要求，构思核心功能空间、重点展示空间及具体展示内容（展项），确定各类非遗项目展示所需要的位置、空间体量、展现方式等。无论是何种类型的展馆，在设计方案中都应注重展示的层次感，把握好重点展示空间。一个优秀的设计方案的核心是选择的艺术方式符合展陈需求，各分区能够对应展陈主题。在非遗馆展陈设计中，非遗项目是贯通空间的灵魂，需要艺术设计人员的创意与灵感，也需要设计人员对非遗项目的深刻理解与认知。

（一）分析功能需求

针对展区面积进行初步的功能和布局构思，把握好各功能区域的大小比例、相互间隔关系。利用构图美学法则丰富展墙的形式、色彩搭配与空间秩序等。把握好展区中参展流线是否顺畅，观展时序是否合理，展厅各区域空间的序列和层次关系，观众参观时长等要素。明确重点功能区域、次重点功能区域与常规功能区域等展示空间层次，利用泡泡图、思维导图初步分析展区包含的功能区域，确定特殊空间及一般展示空间的位置，如序厅、各分主题展区、休息区、贵宾区、临时展区等。此外，还应考虑展区内是否有悬挑或抬高的看台、影屏区，需要配备吊装的装置或展示物，如大型织机、古建筑构件、戏台等，以供后续的展陈施工参考。

（二）明确空间尺度

明确建筑空间内的墙间距、柱距、层高等尺寸。明确楼梯、墙体、门洞口、廊柱位置等对空间的影响。对现场细节有明确且具体的尺寸分析。明确各区域功能要求、观展人流动线以体现设计标准，构想空间分割后的实际效果。

（三）严格标准规范

在明确尺度的基础上，依据展示设计的相关规范，完成平面图绘制。基础平面图需严格按照制图标准，完成空间结构、展台构造、展墙、展线的专业化、规范化尺寸标注。

（四）强化展区的层次感

根据展示形式营造各展区空间的层次感。根据展示内容考虑前后位置关系，考虑平面、立面和天棚之间的关系，考虑灯光和展示物之间的关系，考虑观众的色彩感受，以及考虑空间的高差分割，展墙、展板设计中点、线、面、体的构图方式。选择不同材质的材料以塑造出不同展示内容的质感，强化展区环境的艺术氛围。

（五）强调变化与联系

考虑装饰形式与实际展示物之间的关系，注意展品与观众的视觉沟通与呼应；考虑部分区域的可移动、可转换等功能，如机械装置、灯光调试设施、设备等；考虑展区内人员聚合和展示内容之间形成的疏密对比，从而调整展示空间的变化关系。

（六）确定设计方案

在确定好基本平面布局和功能分区的基础上确定各展区空间的布局方式，从而确立展墙结构、构造及围护物所用材料、色彩等。展陈布局应满足功能需求，符合对称、对比、重复、均衡、特异等美学法则。根据展示项目的所在空间，考虑展示方式、灯光效果等，最终确定基本展陈的平面图、三维立体效果图和施工图设计方案。

四、非遗数字化展示

网络媒体和数字信息技术的发展为非遗数字化保护和宣传提供了新思路、新模式。非遗数字化展示旨在利用现代科技手段，将非遗项目以更加生动、直观的方式展现给公众。这种展示方式不仅可以让非遗项目焕发出新的活力，还能加强青少年群体对非遗项目的认识和了解。近年来，非遗数字化保护越来越多地被应用到传承实践和展示宣传中。不同媒体平台的数字化展示可以永不落幕，24 小时不间断展出内容，一个优秀的数字化展示方式还可以实现瞬间传播，比传统展示方式更为迅捷、便利。所以，在相对传统的展陈设计中，如何通过数字化方式实现展示内容的传播尤为重要。一个功能综合化的非遗馆应结合展陈内容，借助各类网络媒体平台实现线下内容的线上同步传播。实现非遗数字化转型升级，是非遗馆建设的新要求、新趋势。

数字化展示设计还可以采用全息投影、体感交互等技术，让非遗项目的展示更加立体、生动。例如，通过全息投影技术可以将非遗技艺的全部过程以三维立体的形式展现出来，让观众获得更加直观的认知；体感交互技术则可以让参观者通过身体动作与展示项目进行互动，进一步加深对非遗的理解和体验。非遗数字化展示设计还需要注重数据的安全性。要通过数据加密、信息备份等技术，确保数字化展示内容的安全性；同时，还需要确保数字化展示所用视频的清晰度、流畅度和互动性，以带给观众高质量的观赏体验。

2022 年全国两会召开期间，曾有代表建议建设云上非遗馆，充分借助现代科技和网络技术，从非遗云存储、云共享、云录制、云直播、云会展、VR 全景、全息投影、人工智能设备设施等方面优化"云端"的非遗展示和体验功能。数字化技术和云媒体可以高效提升非遗馆的宣传与展示功能。一是可以通过数字化保护方式实现部分非遗影像影音资料的长久保存与利用，以文字、图片、音频、视频等形式建立数字化档案；还可以通过数字化传播，让非遗相关文化元素实现开发与利用，全面记录和展示传承人的传习状况，为观众提供完整的数字化资料。二是可将非遗数字化内容上传到微博、抖音、快手、小红书等各类多媒体平台，通过游戏、虚拟现实场景、增强现实技术等方式增加观众的参与度和体验感；还可通过 VR 技术与设备实现虚实结合、动静呼应，以吸引更多年轻人的关注。

五、非遗馆空间功能设置

非遗馆的不同功能空间一般应包括展陈信息空间、公共空间和辅助空间等。

（一）信息空间

信息空间指的是展品陈列实际所占用的空间，是展示空间造型设计的主体部分。能否取得视觉效果、吸引观众的注意力、有效地传达信息，是信息空间设计的关键。由于展品在大小、轻重、软硬、色调冷暖及可塑性强弱等方面有所不同，这决定了展示中是否选用诸如垂直、水平、倾斜、固定、动态等展示方式，以及是否选用展板、展柜、展架、展台等陈列方式。很明显，信息空间的大小和基本形式是由展品的性质、特征、体积、数量等因素决定的。

在信息空间的设计中，处理好展品与人、人与空间的关系非常重要。必须使空间形态和陈列形式满足人在观看展品时对流动性和视觉审美的需求。如果有现场演示的展品，需用栏杆围合，使它与参观者之间留有一定空间，或为观众的参与提供一定的行动空间。信息空间设计必须把观众放在首位，关注如何为观众提供一个丰富的信息场所，使之经历一次难忘的视觉盛宴。

（二）公共空间

非遗馆公共空间包括通道、过廊、休息间等场所，是供参观者使用和活动的区域。原则上，公共空间设计应考虑留有足够的面积，以方便参观者进出和观看展览；同时，还应考虑提供休息、小憩、驻足交谈和饮水的空间。在公共空间中，通道是最重要的部分，它直接关系到观众是否能顺利观看、展品信息是否能有效传递的问题。通道的设计要注意以下几点。

1.要估算观众的流量、频次，以及考虑到观众在观看展览时产生的谈话、交流不能影响到其他参观者，不同年龄段观众的行为习惯等问题。

2.要根据展品的属性选择合适的陈列方式，如根据展品的大小、形状，考虑是动态演示还是展柜陈列。预留出非遗文创产品内展示与销售区域，合理分配不同区域内人流与通道的关系。

3.处理好主要展品的最佳视域、视角、视距与通道的关系，避免主要展品前人群簇拥而造成通道滞塞。

4.设计科学合理的路径。选用最短、最有效的路线，减轻重复、绕道给观众造成的疲劳。另外，路线是否清晰和富有变化，也会在人的心理上造成不同的观展感受。

（三）辅助空间

辅助空间指的是除信息空间和公共空间之外的空间，主要包括以下几类空间。

1.接待空间。可以设置在展陈信息空间的开始或结尾之处，在设计风格上，应同整个展示空间保持统一，使其同各个展厅风格协调统一。

2.工作人员空间。其是为工作人员设置的休息、换装、办公等空间。除了项目展示与表演空间，还要设置演出人员换装、卸妆的专门空间。

3.储藏空间。即放置藏（展）品、样品或宣传品等物品的空间，一般设在较为隐蔽的、公众不易注意到的地方，以不破坏展示空间的整体视觉效果为原则。

4.维修空间。无论是长期陈列展还是临时性的展示活动，常设有一些诸如仪器、机械、装备、模型以及灯箱、音响、电讯、照明等的设备，除了它们要占用一定的空间外，还必须为其留有维修空间。维修空间应同公共空间和信息空间隔离开来，并建立安全措施，防止噪声、强电、有害气体等对公共场所造成侵扰和损害。

一个大型非遗馆，除上述空间外，在面积足够的情况下，还可以设置面积不同的报告厅、会议室、剧场、餐厅、停车场等空间，在设定不同空间的面积时，应尽量扩大信息空间，确保有一定的公共空间，尽可能地减少辅助空间。

六、基本展陈空间的平面设计图

基本展陈空间的平面设计图是体现整个空间展示规模、区域划分和局部构成的蓝图，是进行后续各项工作的重要依据。平面设计图主要针对基本展陈空间中的平面关系进行设计，但也需考虑立面空间及展品陈列等一系列问题。平面布局一旦确定，如在施工或布展中发现问题，想要做大改动是非常困难的，所以要严格加以审核。

（一）各主题空间区域划分与配置

一般情况下，非遗馆的基本展陈有一个大的主题，在大主题下再细分出小的主题。基本展陈的区域划分是在总设计平面图的基础上，依据不同的小主题划分出各自的区域、楼层，并确定具体面积。通过对整个展示空间的划分，完成基本展陈的配置，并为各区域空间设计提供依据。

应先设计出参观路线，也就是设计出观众"观望—进入—参观—回顾—离开"的路线；再以路线为基本脉络，配置不同主题的空间，考虑面积大小、区域平面形状等。空间配置应根据展示的目标、内容和主题等要求合理分配，以达到展示内容重点分明、整体统一，动线简洁清晰、虚实相宜的空间效果，给观众以生动、和谐的观展感受。

（二）参观路线设计

非遗馆基本展陈空间是带有时间性的四维空间，从观众进入展区到离开展区，每一个时间段都应获得不同的艺术感受。因此，合理地安排参观路线是关键。参观路线一般可以分为直线流动和环线流动两种。

直线流动即从空间的入口直达出口，观众从入口进入后，不论怎样流动，最后都从另一侧出口离开，不用再回到入口一侧。这种路线较适合狭长状的展陈空间环境，展示主体一般都陈设于观展路线两侧，优点是人流不会有太大冲突。直线流动的展区在平面布局上可采用两种布局方式：一种是对称式布局，参观路线较明确，但略显呆板；另一种是不对称方式，参观路线可以设置为S形，可让空间产生律动和变化。参观路线的方向要根据展陈设计大纲的顺序，结合现代文字排列的特点由左向右按顺时针方向延展，不能时左时右，使观众难以区分首尾。动线所涉及的不同主题区域的划分应有一定的变化，必要的转折、曲线可使空间单元明确、重点突出，观众注意力集中；但过于弯曲、狭窄时，会造成杂乱拥挤的现象。

环线流动是展陈空间的入口和出口同在一侧，观众在进入展区之后，经过环线流动，又从同一侧的出口离开。环线流动的展区布局比较复杂，理想的参观路线是让观众按顺序通观全局，将观众有序引导至展陈中心，且尽可能地避免让观众形成相互对流或重复穿行。

（三）基本展陈空间的平面布局形式

基本展陈空间的平面布局形式有四面开敞式的环岛形、三面开敞式的一字形、两侧封闭两侧开敞式的 H 形、三面封闭式的 U 形等。

环岛形展示空间适合陈列数量众多或可系列组合的展品。四面开放的展示具有很高的可视度，容易使人对展品产生深刻印象。这种展示区常常设置在展区核心位置，并具有四个通道和四个交通交会点。

一字形空间布局对设计的限制较少，有三个开敞的面、三个通道和两个交通交会点。尽管它属于开敞的空间形式，但仍有一部分依靠一个墙体。

H 形空间布局具有一定的视野限制，设计人员可以通过想象力创造出富有感染力和装饰元素的展示单元。两个开放的面和封闭的两面墙上可以设置图文展板、LED 屏等。H 形空间具有两个开敞的走道和一个交通交会点。

U 形空间布局是一种标准单元形式的空间围合，形式较为传统，有三个封闭的面，有一个走道并且只有一个面可以展示藏（展）品。U 形空间隔断的方式可以增加墙面展线的长度，不少面积较小的书画展厅多以类似空间划分的方式延长展线。

七、展陈施工

一般展厅的设计与施工流程包括：1. 确定设计方案：在确定好展厅的主题后，提供展厅设计方案；2. 完成设计图纸：根据文本方案完成详细的设计图纸，包括展厅平面图、立面图、施工图等；3. 材料采购：采购墙面装饰材料、展架、展示柜等；4. 设备采购：根据设计需求，采购需要的设备，如音响设备、多媒体设备、展示器材等；5. 现场施工：根据设计图纸开始施工，包括墙、地面和顶棚装饰等；6. 设备安装：在墙面装饰和展示器材安装完毕后，开始安装音响设备、多媒体设备等；7. 装修验收：施工完成后，进行装修验收，检查展厅装修质量和设备使用情况；8. 装修维护：展厅装修完成后，需要进行日常维护，适时调整相关设备设施，保持各类设备的正常使用。

非遗馆展陈设计和施工也应该遵循上述基本流程，同时，也需要根据展品形式和展示方式等的不同而有所侧重。非遗展厅的施工涉及多个方面，以下是一些施工要点。

1. 明确施工内容：在开始施工前，需要明确施工的内容和预期效果，部分展示区域还需要传承人参与现场设计与制作，这有助于后续设计的临时变更，使施工更具针对性。（图4–10）

2. 技术交底：对于特殊工艺或技术要求，应提前进行技术交底，确保施工团队对要求有清晰的理解，尤其需要了解某些非遗项目展示实物的形态和材质等。如想将四川的雨坛彩龙和草龙放置于展陈环境中，就需要根据展陈空间定制尺度。

3.材料选择与质量控制：材料的选择直接关系到非遗展厅的质量和持久性。要选择符合设计要求、质量可靠的材料，特别关注展厅的装修材料和非遗相关展品，以及所需的陈列设备。在施工过程中，要加强材料质量检验，禁止使用假冒伪劣材料。

4.细节处理：非遗展厅的设计往往注重整体效果，但在施工中对细节进行处理也同样重要。例如，墙面、地面和展台等细节的处理要到位，以保证展示馆的整体品质。同时，对于灯光、音效等环境因素的细节处理也要给予足够重视，以提高观众的审美体验。（图4-11）

5.设计与施工协调：在施工过程中，设计师与施工团队之间要及时沟通与协调。施工团队除需充分理解设计意图并严格按图施工外，还应对某些非遗项目的展示要求有一定的了解。对于施工中遇到的问题，应及时反馈给设计师，共同协商解决，以确保施工效果符合设计要求。（图4-12）

6.绿色施工与环保理念：在施工过程中，要贯彻绿色环保理念，减少对环境的不良影响。同时，需要注意施工人员安全、施工质量、施工周期和进度等方面的管理，确保项目能够顺利完成并达到预期的效果。

图 4-10　　　　　　　非遗馆局部环境的施工不能仅依靠 CAD 施工图，还需要设计师、传承人和施工人员有效发挥不同的专业能力。图中作品将剪纸艺术以立体奔马的形象夸张化地呈现出来，这是各专业人员共同努力的成果。

图 4-11　　　　　　　"中国原生民歌节"活动现场充分运用了现代声光电和网络图像传输技术。在舞台上，传承人可以在不同的位置演唱，后台则通过切换镜头将画面和声音同步到演出现场的大屏幕上，给观众以不同的感官体验。

图 4-12　浙江省非遗馆展陈空间中的巨型"绿眉毛"三桅木帆船，以超强的视觉冲击力展现了国家级非物质文化遗产代表性项目——传统木船制造技艺。该船长 22 米、宽 5.5 米、高 13.5 米，与船头的大屏幕、船艉墙面的蓝色亚克力装置共同构成了一个完美的展陈空间。

05

第五章

非遗馆
管理运营

非遗馆管理运营是文化和旅游主管部门的重要职责。管理措施及运营方式直接影响着非遗馆的职能发挥。目前，全国非遗馆主要有三种建设方式：第一种是新立项建设的场馆，多由各省（区、市）非遗保护中心负责管理运营；第二种是在原有建筑的基础上改建、扩建而成的场馆，管理运营单位不一；第三种是依托其他博物馆、图书馆、文化馆等建设的场馆，划分出一定空间用于非遗展示，多由博物馆、图书馆、文化馆的管理单位负责管理运营。在国家层面尚未出台非遗馆建设条例、规范及指导意见的情况下，不同类型的非遗馆要根据其建设宗旨、目标、性质，以及保存保护、宣传展示、研究教育等方面的定位，由相关职能部门开展运营管理。运营管理的目标是发挥场馆在非遗宣传、展示方面的作用，形成良性、可持续运营的能力，通过活态化展示、动态化管理、常态化运营，充分发挥非遗馆在弘扬各民族、地域文化，加强文化自觉，坚定文化自信，传播中华优秀传统文化方面的作用。

我国各地非遗馆建设方兴未艾，文化和旅游相关职能部门尚未对其的管理运营、经营模式等方面提出具体要求。但大体上，非遗馆已被确立为向公众开放的非营利性社会服务机构，其以非物质文化遗产保护为基本目标，以收藏、研究、宣传、展示非遗及其表现形式为基本职责，并经文化和旅游部审核、相关行政部门批准取得法人资格。作为国家公益性事业单位的大型非遗馆，与国家文化政策，尤其是文化服务和公共文化政策密不可分，既体现了文化和旅游工作中蕴含的国家意志，又体现了广大社会民众的精神诉求。同时，非遗馆的管理也必将经过"社会问题的产生、政策问题确认、政策议程建议、政策规划、决策与心理政策的合法性"等不同阶段。

从20世纪50年代起，政策评估进入人们的研究视野，当前我国不少的文化艺术管理机构往往以专家论证和领导意见作为某一事项的决策依据，需注意行政领导意见和专家意见的一致性，不能让管理与专业之间产生歧义。此外，各地的非遗馆应出台相应的评估与管理政策，设定评估指标体系、运营管理依据等，否则在建设中容易产生目标定位与建成后管理运营脱节的问题。

非遗馆建设也与艺术管理紧密相关。艺术管理包括文化行政管理、艺术院团管理、美术和艺术作品的市场管理、音乐和演艺行业管理等不同方向，相关内容可以在非遗馆建设与管理运营中发挥重要作用。

第一节

非遗馆的管理职能定位

在综合分析 2006 年《博物馆管理办法》和 2015 年《博物馆条例》的基础上，参照博物馆开办条件，作为同类型文化场馆的非遗馆，其设立及开办应具备类似条件，可以归结为：1.具有固定的馆址，设置与展览规模相适应的非遗专用展厅（区）、非遗藏（展）品库房和传承传习场所，展览环境适宜对公众开放；2.具有与办馆宗旨相符合的专业技术人员和管理人员；3.具有独立承担民事责任的能力、必要的办馆资金和保障博物馆运行的经费；4.具有一定数量和较为系统的非遗藏（展）品及必要的研究资料；5.非遗馆设计需符合国家安全和消防设施要求及其他规定，具备确保观众人身安全的设施、制度及应急预案。

非遗馆的功能定位应当充分发挥非遗的丰富价值和社会功能，传播有益于社会发展进步的思想智慧、技艺技术和文化知识。"例如传统手工技艺类非遗项目，在非遗馆里所要典藏的文物不是只片面追求其艺术价值，关注器物类型和断代，更应重视该藏品能否反映'传统手工艺'技艺与人们生活之间的关系。换句话说，通过此藏品要能使观众了解其材质、制作流程、手工技艺特点以及与其他相关文物（如制作工具）之间的关系；通过展示能揭示其中蕴含的哲学、社会、经济和审美品位等外部环境的知识信息。"[1] 这要求非遗馆借鉴博物馆的管理运营方式，但又要区别于博物馆对静态的、固定的藏品的管理，建立起活态化展示、动态化管理运营的机制。

从相关文献资料看，唐诗吟在《非遗馆建设类型与形态探究》一文中将非遗馆分为以导览功能为主的综合性非遗馆、基于整体保护理念的生态非遗馆和作为普及性教育的非遗体验中心三种类型，提出了非遗馆依托历史建筑、现代公共文化设施、旅游景区作为载体的三种形式，较为全面地总结了非遗馆应有的功能定位。2019 年，杨红在《我国非遗馆建设情况及发展趋势》一文中提出了非遗馆的四种形态：1. 以文物建筑为载体；2. 以现代公共文化设施为载体；3. 以旅游景区为载体；4. 行业或单项非遗专题馆。杨红结合各地非遗馆的建设模式，以不同的场馆建筑载体为依据，概括出这一分类符合当前非遗馆建设的特征。

公益类非遗馆大多由主管事业单位负责管理运营，如四川省非遗保护中心、浙江省非遗馆等；或由博物馆、图书馆、美术馆负责管理运营。有一部分非遗馆由管理部门购买服务，引进第三方机构或者由公司企业负责管理运营。还有一部分非遗馆由多个单位联合管理，由企业单位负责运营；如苏州太湖园博园内的苏州市非物质文化遗产馆，该馆于 2016 年 4 月开馆，由苏州市文化广电新闻出版局、苏州市吴中区人民政府合作建设，由苏州市非物质文化遗产保护管理办公室与苏州市吴中区文化体育旅游局共同管理，苏州太湖旅游发展集团有限公司负责具体运营。

非遗馆管理运营的目标与宗旨有三点：一是展示丰富多彩的非遗项目及其保护成果；二是提升现代公共文化服务水平；三是发挥非遗馆作为地域文化宣传、教育、普及的主阵地作用。

---

[1] 李志勇：《非物质文化遗产博物馆建设理念初探——以南京博物院非遗馆为例》，《东南文化》2015 年第 5 期，第 107 页。

　　无论是单体式非遗馆还是总分式非遗馆，均应合理规划展览陈列区、藏（展）品库房区、非遗传习区、公共服务区和办公区等区域，需对应上述区域设立不同的管理运营部门。如展陈部、藏品研究部、理论研究部、宣传推广部、办公室、后勤部、财务部等不同的职能部门。上述部门根据场馆面积和观展人流量等因素定编定岗，如在场馆面积小、观众人数少的情况下，部分部门及岗位可以合并；又如在重大活动期间，可以与第三方合作，单独购买服务开展工作。上述部门和岗位应围绕展陈设计开展工作，同时要意识到，非遗馆的镇馆之宝不一定是文物，而应该是掌握核心技艺的非遗传承人，因此保持非遗馆的活态性展示尤为重要。无论是在何种管理运营模式下的非遗馆，其建设与管理运营均涉及以下几项主要内容。（图 5-1 至 5-2）

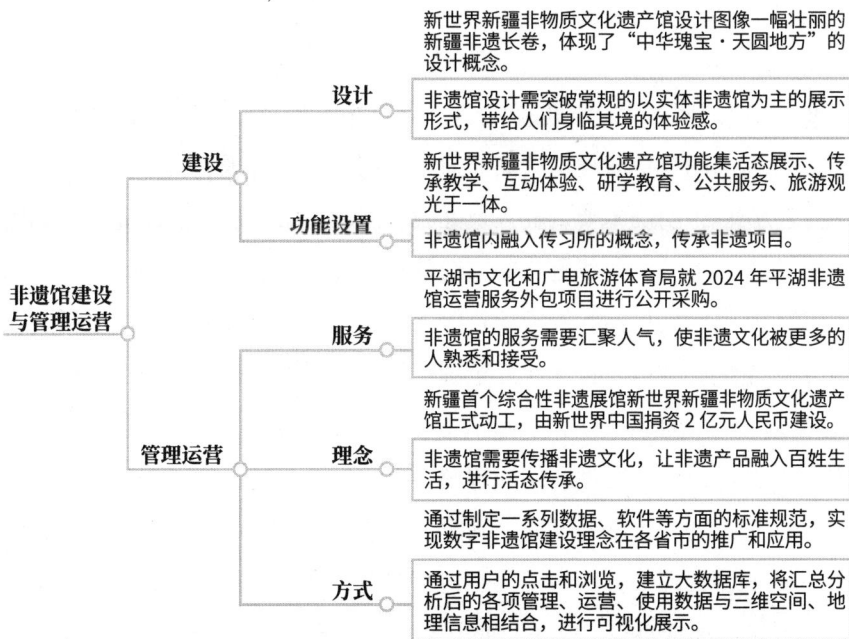

图 5-1　　　　　　　非遗馆建设与管理运营涉及的主要内容（方框内）及案例。

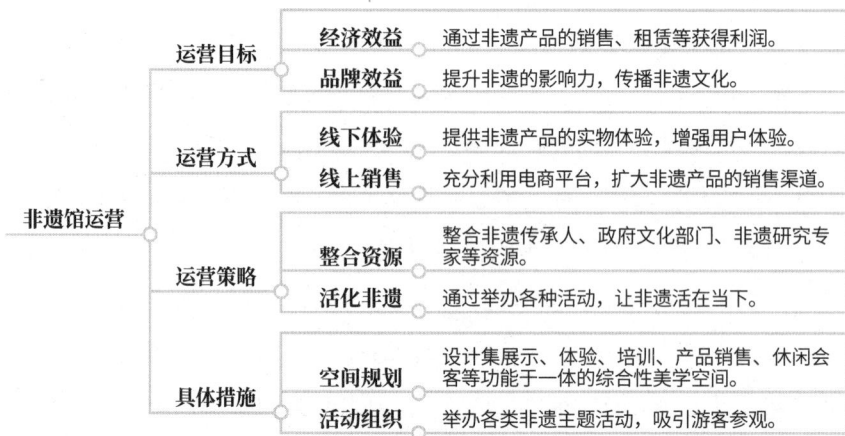

图 5-2 　　　　　　　　　　非遗馆运营涉及的具体内容。

一、建立完善的规章制度

　　非遗馆管理首先需建章立制，完善相关规章制度。由文化和旅游相关职能部门负责管理运营的非遗馆应按照行政管理制度，提出合理的"三定方案"，明确主要负责人及办公、展陈、藏（展）品研究、后勤保障等各部门的设置。章程是非遗馆管理运营的基本制度，各类型非遗馆应借鉴其他相关机构的管理运营模式设立章程。章程的内容应包括确立馆名、馆址；办馆宗旨及业务范围；组织制定各部门管理制度，包括确定主管部门、理事会、协会或者其他管理决策机构的人员构成、任期、议事规则等；资产管理和使用规则，尤其是藏（展）品的保存保护、展示、管理、处置规则等方面。同时，应明确章程的修改、终止程序和终止后的资产处理等方面内容。非遗馆的藏（展）品是立馆之本，也是展示的核心，基于此，一个有效的中长期发展规划、一个藏（展）品征集与管理办法、一套参考博物馆的管理运营措施是必备的规章制度。

二、合理设置不同部门，明确工作责任

非遗馆应当完善主管部门负责下的法人治理结构，参照博物馆等相关场馆和公共文化设施的管理办法，落实非遗馆的部门职责。除核心职能部门，如展陈、藏（展）品、宣传等业务职能部门外，还需设立办公、财务、后勤保卫等部门。非遗馆需结合自身实际，完善管理制度，明确各自的工作职责。如展陈部门应依据建筑规划编制论证展陈大纲，承接各类与非遗相关的临时展览，结合非遗代表性传承人认定与管理办法制定非遗馆展示展演活动的管理规定等。藏（展）品部门应组织编制藏（展）品中长期规划、藏（展）品管理办法，负责藏（展）品的征集、验收、入库、保管等。符合国家规章制度建立的招投标、人事、财务等部门，严格按照国家现有规定开展工作。2002 年颁布的《法国博物馆法》第 8 条明确规定，法国博物馆可以以协议的形式与旨在为法国博物馆提供支持的非营利性私有法人建立合作关系。我国在非遗馆建设中为吸纳更多社会资金投入，也可以在明晰管理运营责任的基础上采取类似的合作模式。

三、加强藏（展）品管理，明确绩效目标

非遗馆不同于博物馆的主要原因在于它们的藏（展）品不同，博物馆里的文物统称为藏品，均具有珍贵的文物价值，一般不允许观众触摸与感受；而非遗馆主要是以展示品为主，部分藏品虽然具有文物价值和艺术价值，但数量更多的展品具有的是展示、交流与互动的功能。基于此，保证藏（展）品的内容和数量是非遗馆发挥职能的基础。非遗藏

（展）品中属于文物的（大多为传统美术、传统技艺类项目）藏品，应当区分文物等级，单独设置档案，建立严格的管理制度，并报文物主管部门备案；属于一般展品的应该设置管理和使用制度；属于消耗品的应纳入日常办公经费中予以管理。藏（展）品管理应按照总体规划设定不同时间阶段的效益目标。

四、明确展览主题及形式，合理设定展陈周期

非遗馆展览主题和内容应当符合国家法律法规，按照维护国家安全与民族团结、弘扬爱国主义、倡导科学精神、普及科学知识、传播优秀文化、培养良好风尚、促进社会和谐、推动社会文明进步等方面的要求，先设定展览周期，再从非遗项目中提炼出符合上述要求的展陈形式进行布展。

由于非物质文化遗产具有跨学科、跨地域的知识属性和文化特点，因此不同非遗馆的展示空间需要明确地域属性和文化属性，如确定是对非遗项目及保护成果成效的日常展示，还是在节庆节日期间对非遗项目进行展示展演。无论是哪种主题，都应合理设定展示展览周期，并依据主题选择相关的展品。要从丰富多彩的非遗项目中发掘提炼出共性的内容，拟定展览主题，并根据非遗项目分类，对应展览需求。笔者在针对以往非遗馆的建设与展陈设计文本大纲的基础上，通过梳理非遗项目类别所对应的关键词，结合非遗展陈设计所需要的藏（展）品等形成了表5-1的关键词和展陈形式。

表 5-1　　　　　　　　非遗展示内容及展陈形式分析表

序号	非遗类别	关键词	涉及藏（展）品内容	主要展陈方式
1	民间文学	• 思想智慧 • 生产生活 • 习俗 • 礼仪 • 文化根脉	项目的相关书籍、仪式用品、器具，民俗活动场景的图片、音像制品、数字资源等，手稿、抄本、地方文献、族谱等	• 文献资料、展板、图文展墙、多媒体等 • 生活场景式展示 • 虚拟现实技术等综合方式
2	民俗			
3	传统音乐	• 民族文化 • 以和为美 • 愉悦 • 情怀 • 意境气韵 • 演艺演出	项目的历史资料（旧曲谱、民间抄本、老剧本、手抄本等）、演出道具和服装、服饰，地方剧种服装、服饰，演出场景、舞台场景图片，代表性传承人作品，音像制品、数字资源等	• 相关乐器、道具的展示 • 经过创编后的演艺演出等节目形式 • 强化传承人的现场作用
4	传统舞蹈			
5	传统美术	• 工匠精神 • 工巧智慧 • 精美 • 技艺 • 生活	传统图样、设计稿、绘制本、模型、代表性作品、原材料与制作工具、代表性传承人作品等	• 实物展示（成品、半成品、工具、图片、表格等） • 技艺类项目传承实践过程 • 生活场景式表达
6	传统技艺			
7	传统戏剧	• 地域文化 • 韵味 • 复兴传统 • 文化 • 演艺 • 娱乐	项目的历史资料（旧曲谱、民间抄本、老剧本、手抄本等）、演出道具和服装、服饰，地方剧种服装、服饰，演出场景、舞台场景图片，代表性传承人作品，音像制品、数字资源等	• 展板、图文展墙、多媒体、虚拟现实技术等 • 经过创编后的演艺演出等节目形式 • 强化传承人的现场作用
8	曲艺			
9	传统体育、游艺与杂技	• 强身健体 • 体育运动 • 技巧 • 绝技	项目的历史资料、武术器械、武术套路、动作模型等，以及传统竞技游艺活动器具、器物、场景、音像制品、数字资源等	• 武术、游艺体验、杂技图片和视频等 • 图文展板，表演等方式
10	传统医药	• 天人合一 • 治病救人 • 中国智慧 • 诊疗实践 • 文化根脉	项目的历史资料（医药文献、手抄本资料等）、中药药物、中药炮制工具、治疗器械、传统医学模型、老字号店铺相关实物（相关器具、装饰装修等可以整体纳入），以及代表性传承人相关资料、音像制品、数字资源等	• 展墙、文献资料、图文版面的形式 • 邀请传统医药类保护单位和传承人现场展示

　　非遗馆的展陈可分为基本展陈、常设展览和临时性展览三种形式。

　　基本展陈是非遗馆的立馆之本，是确立非遗馆形象的核心内容。基本展陈是指根据一定的主题，经过细致严谨的内容设计，配置丰富的展品，应用多种展示技术和手段组建起来的基础展览。常设展览是介于基本展陈和临时展览之间的展览，随着藏（展）品和学术理论研究等方面成果的逐步丰富，将不在基本展陈之内的一些价值丰富的藏品纳入其中，或者另行单列主题的展览方式。常设展览一般展期为三年，有的可以延长至五年甚至长期。如中国国家博物馆的"复兴之路"就属于长期展览。展览的时间周期需要根据投入、内容、主题、形式等确定，也可以在开展后进行局部调整。如故宫博物院 2007 至 2009 年的"官样御瓷——故宫藏清代同治、光绪御制图样及瓷器展"就属于常设展览。临时性展览的时间可以根据需要设为几天至几个月不等。

非遗馆的展览周期并没有强制性规定，多是对现代博物馆、美术馆等场馆的展览周期的分析与借鉴。非遗馆的展览形式和主题应与办馆宗旨相适应，突出非遗藏（展）品特色，并尽可能充分地展示非遗项目原貌。由于非遗强调真实性，所用展品应以原件为主，如因特殊情况无法使用原件，使用复制品、仿制品时应当明确予以标示。非遗的核心因素是传承人，应按规定为传承人的生动演示给予一定的劳务补偿。除此之外，应配合展览主题，采用多种形式为观众提供准确、生动的文字说明和讲解服务。

在非遗馆的建设过程中，展示形式的创新尤为重要。这种创新不仅体现在展陈方式上，还体现在非遗相关知识的普及推广、社会实践活动等多个方面。例如，非遗馆可以从青少年视角展开设计，让青少年在非遗馆的展览体验中感受到非遗魅力。当青少年被吸引入馆后，还应使其持续关注和参与非遗馆的后续研学活动。河南省非物质文化遗产保护和智慧化中心以"非遗一张图"的方式，将本省的国家级、省级非遗项目全面纳入新开发的网络平台，并利用数字化技术对外宣推，这一方式值得今后各非遗馆借鉴。

第二节

非遗馆业务职能与目标

一、发挥教育宣传职能，提升场馆影响力

　　一直以来，传统博物馆容易给人带来殿堂化、神圣化、模式化的感觉，难以打破艺术与生活的二元对立，容易让观众与展品之间产生陌生感和距离感。然而，非遗项目很多都源于民间，与人们的日常生活息息相关，且非遗项目中质朴的语言、通俗的表达、乡土化的情结，以及器物中自然、传统、质朴的特征是其展示重点。基于此，非遗馆展陈应倡导生活化表达，让非遗项目回归大众、回归社区、回到生活，最大限度地与社会和大众形成互动与交流。内蒙古呼和浩特市的莫尼山非遗小镇，以将常态文物和非物质文化遗产放置于室内外陈列的方式，恰当地展现了蒙古族源远流长的非遗项目。非遗小镇内通过复原 20 世纪六七十年代的生活场景、设置非遗展厅等方式将蒙古族皮雕技艺、美食制作、剪纸等非遗项目纳入其中，成为内蒙古地域文化、非物质文化遗产项目的活态展示平台，不仅活态化展示了本地非遗项目，而且助力不少传承人获得了良好的经济收益。非遗馆开馆之后，应充分发挥其宣传教育方面的作用，如与相关院校联合开展非遗进校园、进课堂等活动，

为传承人提供机会在现场进行展示展演，这些都可以考虑纳入非遗馆的展示内容。

当前，欧美各国博物馆借助自身藏品优势，在其他国家建设分馆，以扩大本国博物馆在全世界的文化影响力。如英国维多利亚与艾尔伯特博物馆（V&A）在中国深圳蛇口建立分馆，成为外国博物馆在中国建立的第一个博物馆分馆；美国古根海姆博物馆不仅在西班牙毕尔巴鄂、意大利威尼斯、德国柏林和美国拉斯维加斯建设了四个分馆，还向各个分馆出借收藏品，逐渐从一个区域性的小型博物馆发展成为全球瞩目的跨国型国际艺术机构，扩大了品牌影响力。

非遗馆作为各省（区、市）文化主管部门负责建设与运营管理的公益性公共文化设施，要坚持把社会效益放在首位的同时兼顾经济效益，充分创造条件，开展相关研究，加强非遗项目成果的创新与利用，为非遗项目成果提供转化和合理利用的条件。

二、发挥文化综合体的资源优势

非遗馆是兼具博物馆、美术馆、文化馆等场馆功能的文化空间，是一定城市空间区域内的文化综合体。非遗馆的一部分非遗藏品属于文物，应符合博物馆的文物管理要求；有的传承人是工艺美术大师，其作品是典型的艺术品，展出时应符合美术馆展览的条件；非遗项目中的展演活动是群众文化活动的重要内容，非遗馆应具备组织实施的能力和职能等。应充分发挥非遗馆综合化的业务职能，需要以不同的展览主题组织策划文物类非遗实物的展示，表演类非遗项目则可结合群众文化活动和节庆民俗活动开展展演等。要准确把握非遗的最大特点和最吸引人的地方，即体验性，增强民众的参与度。非遗馆的管理运营应该着力强化全民共享非遗这个时代要求，开展好非遗普及教育，充分满足观众检索非遗数据资源的需求，实现非遗知识普及教育的职能。

非遗馆与文化空间理论研究内容紧密相关。"文化空间生产的研究主要包括文化空间生产过程与机制、文化空间生产效应两大方面，其中包含了诸如公共文化空间、商业文化空间、文化艺术空间、文创产业空间、旅游文化空间等多种类型文化空间的生产运营机制以及在经济发展效应、社会公平效应、地方性效应等方面的表现。"[1]文化空间一般由三个要素组成：一是在一定地域中建设的物理空间，如各地的古街区、古城镇等；二是文化空间中的主体要素，也就是空间中的人；三是文化活动及文物、文化表现形式等要素。在文化空间内，各种社会群体形成互动联系，并在特有社会环境中不断创造与传承各种文化活动。

当代数字和媒体技术的发展催生了以数字技术为手段的虚拟文化空间，原本传统物理形态的文化资源被转换成为数字信息，以文化数字产品的形式来进行生产、存储与交换，从而实现了文化资源和文化信息与不同群体交流的愿景。数字虚拟文化空间在组织架构与运行逻辑等属性上，尤其是在交互方式、联系媒介、传播效率、资源数量与网络逻辑等多个方面，与传统的文化空间存在较大差异，其更加注重当代人在文化活动中的自我意识表达，人群互动也呈现出更加多样化的虚拟体验效果。虚拟文化空间的理论基础源于列斐伏尔针对城市化进程高速发展的反思所提出的空间生产理论。他认为空间生产可以作为生产方式，可围绕不同社会空间开展一系列生产创造活动。在此基础上，他认为空间具有物理性、精神性和社会性三种特性。"空间的

---

[1]　涂戈尔：《以数字虚拟文化空间营造为导向的城市更新》，《汉江学术》2023 年第 5 期，第 16 页。

社会性表现出以下特征：一是隐藏于物质空间生产之中，通过各种社会活动和社会关系予以呈现；二是受主体人的影响，具有历史经验性。空间实践过程围绕人们的日常生活展开，空间实践方式在生产实践关系下变得多样化且可感知。"[1]

三、强化文化生态保护

非遗馆建设应有可持续发展的观念和意识，致力于强化场馆所在地的文化生态保护。文化生态是非遗项目存续的重要基础，在非遗项目和资源富集的地区，要注重结合生态博物馆的理念，积极为文化生态保护创造条件。很多人都有一种感受，在 20 世纪六七十年代物资相对匮乏的时期，人们的生活节奏很慢，但春节、中秋这类传统节日的氛围却特别浓郁，能给人以很高的幸福感和获得感；而在当下这个物质极大丰富的时代，节日的氛围和"味道"却越来越淡。这首先与经济发展及社会环境的变化有关，也与文化生态保护有关。基于此，文化和旅游部按照"遗产丰富、氛围浓厚、特色鲜明、民众受益"的建设目标，批准设立了 23 个国家级文化生态保护区（含试验区），如闽南文化、徽州文化、热贡文化、羌族文化、河洛文化、齐鲁文化等生态保护区。设立国家级文化生态保护区，目的是以保护非遗为核心，对历史文化积淀丰厚、存续状态良好、具有重要价值和鲜明特色的文化形态进行整体性保护，保护区既要保护非物质文化遗产，也要保护区域内的各类文化遗产和相关古迹、特色历史文化街区、文物保护单位，以及古街、古镇等。

---

[1] 陈波、宋诗雨：《虚拟文化空间生产及其维度设计研究：基于列斐伏尔"空间生产"理论》，《山东大学学报（哲学社会科学版）》2021 年第 1 期，第 38 页。

非遗馆建设需要借鉴保护区建设的相关要旨，可以试点建设以文化生态保护区名称命名的非遗馆。这既可以汇集保护区内的非遗项目和资源，强化非遗保护成效，也可以跳出一般非遗馆的建设思路，呈现一种全新的视野，成为文化生态保护区建设中的一种创新模式。因为"非遗保护显然需要超越每个文化群体、每种文化形态自身局限的主体间性视野，这就是文化生态视野"[1]。

四、完善非遗馆档案建设

非遗馆档案应包括非遗项目申报材料、非遗传承人材料及与非遗相关的工作资料等。非遗项目的申报文本较为系统地记录了该项目的传承区域、流布范围、传承谱系等，具有较高的研究和利用价值。非遗馆档案可以借鉴艺术档案的方式完成建档。艺术档案是指文化艺术单位和艺术工作者在艺术创作、艺术演出、艺术教育、艺术研究、文化交流、等工作和活动中形成，有保存价值的各种文字、图表、声像、实物等不同形式的历史记录，许多艺术档案本身就是宝贵的文化遗产。非遗馆档案应围绕以下几个方面开展建设。

第一，加强非遗系统保护，完善非遗实物资料、申报文本、影视图片等方面的档案，形成对非遗项目客观、全面、权威的记录。

第二，不断丰富完善非遗数字化保护成果，加强纸本电子化录入、资料分类整理等工作，形成数字化记录和非遗成果应用等方面的档案系统。

---

[1]　高小康:《非遗活态传承的悖论:保存与发展》,《文化遗产》2016 年第 5 期, 第 7 页。

第三，根据已有的非遗保护成果，推进学术研究与传承人保护的措施。依托已出版的非遗项目图典、传承人图典，依据四级名录体系建设档案资源，深化学术研究成果，提高非遗研究成果和利用水平。

档案管理应在存放空间划分，信息化、数字化录入，完善保存条件和专业人员配备的基础上，实现档案资料的合理利用，为非遗保护提供理论和学术支持。坚持发挥档案的更大作用，满足非遗档案的管理与使用程序，肩负起非遗专业档案的现实责任与历史作用，服务民众与社会发展，服务文化和旅游工作。

五、非遗馆在国家文化公园建设中的作用

非遗馆在未来国家文化公园建设中起着至关重要的作用。国家文化公园建设可强化非遗项目和资源的发掘、保护、传承、利用等工作，通过整合同类型的文化景观资源，集中打造中华文明的重要标志，建设进程中也将以保护和传承非遗为主要目标，彰显国家文化公园的文化属性。

首先，非遗馆是国家文化公园建设的核心内容和集中进行文化形态展示的设施。国家文化公园旨在整合具有突出意义、重要影响、重大主题的文物和文化资源，形成具有特定开放空间的公共文化载体。而非遗作为中华民族传统文化的重要组成部分和形式载体，因丰富的历史、社会、精神、科学和教育价值，而成为国家文化公园建设不可或缺的一部分。

其次，非遗馆能够丰富国家文化公园的内涵和形式，强化其文化氛围。非遗项目包括许多传统文化的表现形式，如民间文学、表演艺术、

传统手工艺等，这些元素的纳入可以使得国家文化公园更加生动、多元，让游客在游览的过程中更深入地了解和体验中华文化的魅力。

再次，非遗馆的传承和保护需要借助国家文化公园这一平台。国家文化公园作为公共文化载体，具有广泛的社会影响力和传播力，可以为非遗的传承和保护提供更大的舞台和更多的机会。通过在国家文化公园中展示非遗项目、开展非遗体验活动等，可以让更多的人了解和关注非遗，从而推动非遗的传承和发展。

最后，非遗馆与国家文化公园的有机结合有助于推动中华优秀传统文化的创造性转化和创新性发展。在国家文化公园的建设过程中，可以通过对非遗的深入挖掘和创新展示，实现传统文化的现代化转型和创新性发展，让传统文化在新的时代背景下焕发出新的生机和活力。

第三节

非遗藏（展）品征集与管理

博物馆的文物统称为藏品，但因为非遗用于展示和研究的实物、资料、作品等不一定都是文物，更多的是为展示服务的，所以非遗馆藏品和涉及的展品可以统称为藏（展）品[1]。非遗相关的实物、资料可以有效宣传展示中华优秀传统文化，为加强文化自觉、坚定文化自信提供载体支撑。在中华民族五千多年的文明历程中，非遗相关的文化表现形式和成果资源不仅折射出中华儿女丰富的思想智慧，还成为印刻中华文明发展的重要载体，部分非遗项目的藏（展）品在历史、艺术、教育、经济乃至科学研究等领域均具有极高的价值。我国众多的文物资源大多被收藏在博物馆内，在政府相关部门的统一领导下，由博物馆统一管理和保护，很大程度上提高了文物资源的管理与保护效率。非遗馆除借鉴这一保护保管模式外，还应采取有效措施，加强非遗藏（展）品的管理与使用效果。

非遗藏（展）品是非遗馆的立馆之本，是开展业务活动的基础和

---

[1] 博物馆里展示的文物可以被称为藏品，但非遗馆内除了有一部分具有重要价值的实物外，还有许多物品是为满足展陈所需而购置或制作的，不具备文物价值，但能有效提升展示效果。这类强化观众互动、参与、体验等的展示用具或装置均不属于藏品。本书中涉及的非遗馆的展品和藏品均以藏（展）品论。

可持续发展的根本保证。藏（展）品的征集与保管对充分发掘和传播非遗的社会功能与丰富价值具有重要意义。为明确非遗馆藏（展）品征集与保管工作的方向与重点，促进藏（展）品征集与保管工作科学化、规范化发展，应制定藏（展）品中长期规划，规划的时限一般为五年。依据规划加强藏（展）品征集与管理是非遗馆运营的重要职能之一，尤其是要合理研判自身藏（展）品数量、涉及类别等。藏（展）品管理可以借鉴博物馆的藏品管理制度，研究博物馆和非遗馆在文物藏品管理方面存在的共性问题，如管理制度是否健全、保管硬件设施是否完善、文物藏品档案是否规范、专业技术人员是否具备相应的业务素质等。在分析上述共性问题的前提下，制定健全藏（展）品管理制度、完善保管设施、规范藏（展）品管理程序、提高专业人员素质、增强非遗保护意识等一系列策略，让藏（展）品的价值得到最大限度发挥。

要对现有的藏（展）品数量及所涉及的非遗项目类型进行数据分析。汇总分析非遗馆藏（展）品情况、需要征集的藏（展）品情况、急需的藏（展）品情况、非遗保护的数字化资料情况等，列出相关清单，以明确藏（展）品征集与管理所面临的任务，并编制合理的中长期规划。规划编制应从以下几个方面入手。

一、明确总体思想与基本原则

积极响应党和国家对文化和旅游工作的号召，从加强文化自觉、坚定文化自信层面，统一非遗保护工作重要性的认识。非遗馆按照《公约》《非遗法》对非遗概念的解释，参照《博物馆条例》《博物馆藏品管理办法》《国有博物馆藏品征集规程》《关于实施中华优秀传统文化传承发展工程的意见》《关于进一步加强非物质文化遗产保护工作的意见》等有关文件精神，进一步增强非遗保护传承、宣传展示的责任感和使命感，推动藏（展）品征集与保管工作科学合理、规范有序、平稳发展。

非遗馆藏（展）品应当能够配合非遗馆建设和展陈大纲，充分体现非遗的社会功能和各种价值，侧重于征集能够展示非遗代表性传承人技艺水平、展示非遗项目的历史传承脉络、唤起人们对传统文化的记忆、承载中华优秀传统文化形式的相关实物、器具、资料等。部分藏（展）品还应设计转化方式，便于观众参观体验。如浙江省非遗馆的竹编技艺、灯彩（乐清首饰龙）的展示，均是先通过设计制作出直观的装置，再配合传承人的现场展示和项目实物，以强化观众的认知。

藏（展）品保管须及时将征集的藏（展）品列入总账，编写详细的藏（展）品档案。需坚持安全第一的原则，不得遗失或损毁，更不得擅自出售、赠送与抵押。对藏（展）品进行创新应用或文创开发时，需遵循非遗保护的整体性、真实性、传承性原则，在尊重传承人意愿的基础上进行。

二、设定总体目标

非遗馆藏（展）品征集与管理规划具有短期、中期和长期目标。短期、中期主要征集国家级非遗代表性项目及代表性传承人的相关实物及资料作为非遗馆的基础藏品，也可补充省、市级代表性项目的藏（展）品。最终目的是将非遗馆打造成集研究、收藏、展示、宣传、利用等功能于一体的权威平台，实现非遗保护成果全民共享。通过非遗保护，弘扬中华优秀传统文化，讲好中国故事，传播中国智慧。

在藏（展）品保管与利用工作中，应注意加强对库房消防安防系统、恒温恒湿系统的控制和调节。对传统美术和传统技艺这类项目中的丝织品、布料、纸张、木制品等实物，应设有防霉防虫等措施。藏（展）品保管更需注意安全性和便利性，定期检查和分析保存状况，探索藏（展）品的预防性保护技术，购置合适的藏品柜，有条件的非遗馆还应完善库房的无线环境监测体系等。

统筹考虑藏（展）品的研究、利用和开发问题，建立健全非遗馆藏（展）品开发机制。参考《国家级非物质文化遗产名录图典》《国家级非物质文化遗产项目代表性传承人大典》等图书资料，结合《非物质文化遗产数字化保护数字资源采集和著录》标准，遴选藏（展）品完成影像资料的拍摄、采集工作，结合数字化保护资料，形成纸质出版物或用于非遗馆线上展示，以供专家学者研究和公众科普之用。条件成熟时，还可以制作藏（展）品的三维立体影像，也可选择一部分馆藏精品进行文化创意产品的开发与利用，所得收益可用于藏（展）品的征集与保管等相关事项。

三、明确发展任务

（一）建立藏品征集和保管的长效机制

根据不同类型非遗馆的工作实际，在充分借鉴同类非遗馆建设与管理运营经验的基础上，建立健全藏（展）品工作长效机制。积极拓展藏（展）品征集渠道和方式，征集精品，不断完善和规范藏（展）品征集工作程序，提升工作效率，强化征集工作廉洁教育和监督自律。

征集的藏（展）品按照非遗类别和材质等特性分类，结合各自特色进行深入挖掘，形成丰富的展陈故事线，以藏（展）品的系统性、精品性和完整性确保非遗馆在业界的地位，并提升非遗馆在文化馆、博物馆、美术馆等同类场馆中的竞争力和影响力。

（二）提升藏（展）品的信息化管理与利用水平

完善藏（展）品管理系统，实现工作人员对藏（展）品系统内登陆、检索、查询、统计、提取、归还等各个环节的信息化管理。统筹考虑藏（展）品的研究、利用和开发问题。完善非遗项目的信息档案、资源档案，适时建设更具针对性、可操作性的公众检索平台或非遗数字展示体验中心。优化非遗藏（展）品的利用水平，遴选具有代表性和市场认可度的藏（展）品，进行文化创意产品的转化利用。

（三）加强藏（展）品征集与保管的人才队伍建设

按照中长期规划所提出的原则和目标，打造高素质、专业化和具有高度责任感的藏（展）品征集与保管人才队伍。一方面要注重队伍的构成，综合考虑人员的年龄结构、专业知识背景、业务水平层次等多方面因素，科学合理配置人才队伍；另一方面要注意提升队伍整体业务水平和创新能力，定期开展培训和考核，明确奖惩机制，鼓励藏（展）品征集与保管相关工作人员开展非遗相关课题研究。

（四）推动以藏（展）品为基础的学术研究

鼓励藏（展）品征集与保管相关工作人员积极开展以馆藏为基础的学术研究，并通过承担课题项目、撰写学术论著、参加学术交流与研讨等多种形式，不断提升自身的专业素养和研究水平。应为非遗领域其他专家学者提供基础资料和交流平台，共同探索依托非遗藏（展）品提升非遗保护水平的路径。

（五）加强藏（展）品对外交流与合作

加强非遗馆藏（展）品的对外交流与合作，既要积极拓展交流与合作的渠道和范围，又要注重深化交流与合作的内容，不断创新方式方法。根据其实际和自身优势，一方面要立足非遗馆所在地，加强与相关单位的交流与合作；另一方面要辐射全国，与非遗展示馆、传习所、传承基地，各省美术馆、艺术馆、文化馆等场馆实现优势互补，进而增强非遗保护能力和非遗馆影响力。

四、完善保障措施

（一）制度保障

建立健全各项规章制度，规范各项工作流程，建立权责明晰、流程清楚、统筹有力的运行与管理体系。重点是按照中长期规划的指导，建立健全藏（展）品库房管理制度，落实藏（展）品征集管理办法；加强监督和自律，强化一线人员的责任意识和法律意识；完善涉及藏（展）品征集、保管以及使用各环节的沟通协调机制。

（二）经费保障

根据藏（展）品征集与保管工作现状，科学合理配置经费结构，努力提升绩效，保证多渠道资金筹措机制。积极吸纳社会资金参与藏（展）品征集，充分利用好专项征集经费；加大藏（展）品管理、数字化、信息化、建档建账等方面的经费投入；加强经费预算与开支的科学管理，提高经费使用的预见性、合理性、科学性。

（三）人才保障

建立健全人才引进、配置、培养、激励和评价机制，形成人员合理配置、专业对口的良好局面。综合衡量藏（展）品征集和保管工作的特殊性，制定有针对性的人才引进和聘用政策；完善岗位职责，做到权责明晰，人尽其才；鼓励专业人员积极参与各种业务交流与合作，积极为相关人员开展学术研究创造条件；建立健全人员的激励和评价机制，充分调动人员的积极性和主动性。

（四）机制保障

建立规划实施与调整的动态机制、检查和督促机制。重点是制定规划中各阶段目标的详细任务和实施计划，明确责任，落实到人；及时跟踪、监督指导规划的实施，严格督促，确保规划顺利执行；加强非遗馆与合作单位的沟通与互动，关注藏（展）品征集与保管工作的新进展和新变化，及时根据实际对规划做出相应调整。

此外，由于非遗馆所需藏（展）品大多集中在传承人手中，所以应设计一定的激励机制，充分鼓励传承人开展捐赠事宜。非遗馆藏（展）品应根据不同非遗项目的需求开展征集与归类，分类方式可参考2021年10月发布的《文化和旅游部办公厅关于开展国家非物质文化遗产馆藏（展）品征集工作的通知》。

第四节

非遗馆解说与导览

　　《博物馆管理条例》要求博物馆应当采用多种形式提供科学、准确、生动的文字说明和讲解服务。非遗馆解说与导览是发挥场馆功能、提高展示效率不可缺失的环节。解说词的撰写和导览系统也是非遗馆展示系统中的关键，没有解说的非遗馆和博物馆只能是一座冰冷的建筑。非遗馆应当根据自身特点、条件，运用现代信息技术，编制场馆总体介绍、基本展陈介绍、展示内容介绍等方面的解说词，并在此基础上，提供形式多样、生动活泼的社会教育和服务，参与社区文化建设和对外文化交流与合作。

　　无论是非遗馆还是博物馆，发挥其宣传、教育职能都是提升展览展示效果的重要方式，依据展陈大纲和展览动线建立起合理的导览系统，在此基础上编制详细的非遗馆讲解词，是非遗馆发挥应有职能的重要前提，也是非遗馆建设最为基础性的工作。解说词在非遗馆运营中的意义在于，明确阐述了不同展示区域或主题的展示内容、要求，以及项目特色与内涵。虽然非遗馆导览系统建设和解说词的编制可以参考博物馆的经验，但由于非遗项目类别和数量的丰富性，非遗馆解说词涉及的内容和知识面更为宽泛、复杂，需要深度了解非遗项目的专业人士进行系统化、科学化研究后再撰写，并根据观众的意见逐渐修改和完善；还需要讲解人员不断学习掌握非遗的相关知识，了解非遗馆所展示非遗项目的基本信息、基础知识，以及非遗项目的源流、演变，传承人的代际关系等，并在深入了解上述内容的基础上，适应新形势下非遗馆的导览与讲解工作要求。

一、合理设计利用交互式导览系统

导览系统是依据不同的空间环境情况为观众提供展览及展品信息的媒介，能够帮助观众获得从展览主题到展品信息的相关内容，并为其提供个性化、便捷化的观展或游览路线。博物馆的导览系统经历了从语音讲解设备、多媒体导览、无线射频识别导览系统、微信或 APP 小程序应用等多种方式，目前的导览系统主要是向基于手机和平板电子设备与移动应用程序的开发相结合的导览方式发展。当前博物馆领域的导览系统也是现代技术、信息传媒和移动终端设备在博物馆领域综合应用的体现。传统的导览系统提供信息的方式往往是单向的、用户只能被动地接受信息，而不能主动去选择，存在较大缺陷。随着交互设计热潮的到来和万物互联技术的进步，交互设计应"从公众的角度出发，根据观众需求设计博物馆的导览与展示方式，以参观者的体验为出发点，从传统的以物为中心的单向展示方式，转向以人为中心的双向传播方式"[1]。

笔者通过对国内部分博物馆及非遗馆的实地调研发现，目前的场馆导览系统建设还有很大的提升空间，不少非遗馆和博物馆仅将微信公众号作为宣传平台；部分场馆虽然提供导览服务，但其体验性和便捷性

---

[1] 潘婧：《交互设计在博物馆导览中的应用研究》，华东理工大学硕士学位论文，2015 年，第 2 页。

有待进一步提升。基于此，为加强软环境建设，新建非遗馆需要先入为主地加强最前沿的交互式导览系统设计的开发与利用。交互式导览系统是对非遗馆导览系统的创新性探索，这是因为交互设计涉及人体工程学、空间环境、视觉信息传达、心理学和行为符号学等多个学科。在建设中，应加强与相关领域相关专业专家学者的共同论证工作；对导览现状开展调研分析，利用调查问卷深度了解观众的参观需求；结合现有导览服务的使用情况做出改进等，以便合理地规划设计非遗馆导览系统。如将非遗馆的空间布局和展览主题通过 APP 小程序发送到观众的手机中，使他们可以通过手机实时接收空间环境布局、展览内容及人流量等情况；在入口处增加人流量计数设备，让观众清楚地知道自己是自开馆以来第几位进入场馆的观众，是当天的第几位观众，既可以增加观众的体验感，也能将相关展览信息快速、便捷地传递给观众。

周晓茵在《数字导览讲解技术在博物馆信息化建设中的应用》中提出："数字导览与人工讲解相比，能避免由于讲解者个人因素带来的服务质量的不稳定性，为公众提供更加全面客观的服务。同时，导览器会在自带的语音数据库中查询并自动播放这一展品的中文或外文讲解，最大限度地满足了不同语言、不同层次的参观者随兴趣而自选参观路线和展品的愿望，使博物馆向更广阔的人群敞开了知识的大门。"[1]将交互设计的导览系统这一新兴模式运用到非遗馆导览中，需要从应用分析、需求分析、信息平台及架构设计、交互模式设计、界面框架设计、导航系统设计、视觉形象及内容设计等多个方面综合考虑，直到最终完成设计开发。交互式导览系统将极大改善传统导览方式的不足，大量增加导览信息，大大提升非遗馆在信息传播等方面的功能。

---

[1]　周晓茵：《数字导览讲解技术在博物馆信息化建设中的应用》，《东方博物》2006 年第 2 期，第127 页。

二、合理撰写解说词

非遗馆解说词具有传递信息、传播非遗项目价值的目的和功能，逻辑清晰、描述优美的解说词将有助于观众深度了解非遗馆的文化内涵和非遗项目的真实面貌。解说词的文本是由非遗馆学术研究、展陈设计等部门负责起草的，为确保解说词文本的质量，需要由专业人士经过反复推敲、修改、审查并最终定稿。解说词这种特殊的文学体裁在创作和编写中需要诉诸听觉，优秀的解说词可以快速将观众拉进非遗馆的展示环境中。"通常来讲，观众对于影像的审美感受主要来自感官接收的视听愉悦，而听觉愉悦一方面看重的是内化于行的配音音色音质之美，另一方面看重的则是外化于形的解说词文字之美，这在博大精深的中国文字面前表现得尤为突出；文学化的文本解读必然要求解说词的创作需根植于记叙、描写、抒情、表意等文学语言范畴……"[1] 目前，不少非遗馆的解说词还只停留在项目的基本情况介绍或数据介绍层面，存在文本质量不高、展示内容不全面等问题，严重制约了非遗馆的文化传播力和影响力。

非遗馆解说词的撰写需要对应展陈设计文本大纲的内容，结合展示空间的动线设置、重点展示的非遗项目内容等，形成解说词文本框架，并在此基础上逐步修改完善和丰富；还需要结合观众观展时间的长短做出适时调整，形成完整版、精简版等不同时间长度的版本。对于中文文本的外文翻译也应与专业机构或资深的翻译公司协作完成。解说词需要经过多次试用修改，在应用一段时间后，还需要根据展览动线和观展时间适时完善。讲解人员需要加强对重点展示非遗项目的深度了解，不能出现观众提问而无法解答的状况。如非遗馆可能涉及的傣族泼水节的源

---

[1] 盛男：《"非遗"题材纪录片的解说词应用研究》，安徽师范大学硕士学位论文，2019年，第18页。

流，漆器髹饰技艺所用的材料，古琴斫琴与演奏之间的关系，昆曲、京剧的派别，中国篆刻不同历史时期的发展及其演变等大量知识。以安徽省泾县的宣纸传统制作技艺为例，解说词应包括该项目列入国家级非物质文化遗产代表性项目名录和人类非物质文化遗产代表作名录的时间，以及项目的传承地区、制作程序等基本信息。

1.列入时间：该项目于 2006 年列入第一批国家级非物质文化遗产名录，2009 年被联合国教科文组织列入人类非物质文化遗产代表作名录。

2.基本内容介绍：造纸术为中国古代四大发明之一，宣纸是传统手工纸品最杰出的代表，居文房四宝之首，迄今已有 1500 多年的历史。宣纸产地在安徽省泾县，这里气候温和，雨量充沛，特殊的喀斯特山地适合青檀树的生长，冲积平原则适宜生产长秆水稻，青檀树和水稻秆均为宣纸制造提供了优质的原料。泾县境内有多条河流，尤其是乌溪上游的两条支流：一条属淡碱性，适合原料加工；一条属淡酸性，适合成纸用水。宣纸以青檀皮为主料，按比例配入沙田稻草浆，整个生产过程由 140 多道工序组成。造出的宣纸品种繁多，在生产过程中又不断创新，1949 年后成功制出了"丈二""二丈"等新品。宣纸质地纯白细密，纹理清晰，绵软坚韧，百折不损，光而不滑，吸水润墨，宜书宜画，防腐防蛀，故有"纸寿千年""纸中之王"的美称。郭沫若参观泾县宣纸厂时题词："宣纸是中国劳动人民所发明的艺术创造，中国的书法和绘画离了它便无从表达艺术的妙味。"宣纸的手工制作和纸质特点体现了传统技艺的长处，这一技艺至今尚不能用机制代替。唐代以来，宣纸一直为中国人民所爱好，其生产至清代臻于鼎盛，出现了王六吉、汪同和等著名品牌，在国内外屡获大奖。现中国宣纸集团公司所制红星牌宣纸为中国驰名商标，由技术监督部门给予原产地保护品牌，远销日本等国。

3.延伸内容介绍：如时间允许，观众希望了解更多项目信息，还应介绍与该项目相关的内容，如夹江的竹纸制作技艺，云南的傣族、纳西族手工造纸技艺及西藏的藏族造纸技艺等。

三、解说词翻译

在中国知网搜索与解说词相关的文献资料发现，主要研究内容都与解说词翻译相关，这体现了在面对不同国家、不同民族的观众时翻译解说词的重要性。"由于中文和英文的表达方式和句式结构亦有较大差异，尤其是展现解说词的标示牌篇幅有限，因此在进行解说词的英译时可以采取摘译（abridging translation）的方法，在充分体现示意功能的基础上，向外国游客传达中文文本的主要信息点，最终达到信息传递和文化传播的目的。"[1]

解说词翻译除语言意义需准确表达外，还应注重叙事逻辑关系的建立和故事语境的表述。一个故事性的描述将极大地提升讲解功能，可以让观众通过讲解增强对非遗项目的认知并产生兴趣。我国许多非遗项目的名称与民族文化密切相关，所以准确翻译项目名称就显得尤为重要，如壮族侬峒节、傣族章哈、阿昌族遮帕麻和遮咪麻、河西宝卷、彝族克智等项目的讲解词翻译不能仅以音译来表述，还需要准确对应项目的内容。彝族克智是彝族人民在婚礼、丧葬、节庆等集会场所由主客双方论辩手临场演述的一种诗体口语文学，是彝族民间语言艺术中内容最丰富、形式最灵活，最具知识性、趣味性、娱乐性、竞技性的表现形式。类似的《目瑙斋瓦》是景颇族的创世史诗；恰克恰克是维吾尔族

---

[1]　文军、齐荣乐、赖甜：《试论博物馆解说词适度摘译的基本模式》，《外语与外语教学》2007年第12期，第48页。

"恰克恰克"的音译，翻译成汉语为"笑话"，是维吾尔族民间口头的一种讽刺文学形式，多在麦西来甫、婚礼、节庆假日等场合说趣，内容涉及生活的方方面面。上述非遗项目的解说词均应在名称和基本情况的描述中形成准确的译文。

非遗馆如何通过丰富解说词的文化、历史信息，满足不同民族、不同国家观众的知识需求，通过揭示项目历史意义及其与现实的联系而非简单陈述信息尤为重要。例如，如果在景区景点中设置音频解说，游客就可以在欣赏文化遗产的同时听到手机里播出的解说词，更利于游客沉浸其中，感受遗址、古迹的独特魅力。我国各博物馆中的英语解说是非常有限的，绝大多数解说词仅仅是将展品名称译成英文，其中包含的历史信息相对较少。这对于没有中国文化背景的外国参观者而言，他们很难理解这件展品的确切用途等信息。解说词在描述必要的"事实"以外，还需涉及相关人物、缘由及历史背景等内容，从而使观众与相关的历史人物和事件产生共鸣。"适当引入和展品相关的故事在向参观者传达信息的同时，可以用引人入胜的方式帮助其建立和展品之间的情感联系，让参观者透过故事用心灵去感受，并从新的角度或以新的方式重新审视我们的文化遗产。"[1] 如仓颉传说，其经过传承人口口相传，逐渐融合了与仓颉造字相关联的事件、人物、故事情节，介绍仓颉传说时，不仅要解释仓颉是轩辕黄帝时期的史官，还应为观众介绍仓颉据说有四只眼睛，天生睿智，以及仓颉造字的地方等方面的记载。这种模式的解说词增加了参观者的兴趣，容易帮助观众尤其是青少年理解、感受中国文化遗产的魅力。如果缺少历史背景、人物等方面的丰富信息，该项目所蕴含的灿烂的中国文化就无法生动地呈现给观众。

---

[1]　田铁军：《大都会艺术博物馆展品解说词的文本特征及启示》，《今古文创》2022 年第 16 期，第 100 页。

第五节

非遗馆评估指标体系

目前，各省（区、市）非遗馆大多属于新兴文化设施和具有文化服务功能的场馆，如何通过相应的评估与定级标准来确定其级别，会涉及建筑监管、环保、文物等多个行政管理部门和群众文化、艺术、非遗、文物保护等多个业务领域，评估和定级实施过程较为复杂。最能有效参考和借鉴的就是现有博物馆的定级与评估指标。我国的博物馆是由国家文物局统一负责管理，按照既定的评估标准，从高到低依次确定为一级、二级和三级，其等级证书、标牌由国家文物局统一制作和颁发。博物馆的分级制度可以有效加强对博物馆行业的管理，对不同类型和级别的博物馆的发展起到促进作用。博物馆等级一经评定即向社会公布，接受公众监督，每三年再进行一次评估，如果评估中不能满足一定的指标要求，则"等级成绩"将被减分，甚至会被取消原有等级资格。

国家文物局官方网站显示，截至 2021 年，"全国备案博物馆 6183 家，其中国有博物馆 4194 家（文物行政部门管理的国有博物馆 3252 家、其他行业性国有博物馆 942 家）、非国有博物馆 1989 家；国家一、二、三级博物馆共 1218 家，其中国家一级博物馆 204 家、国家二级博物馆 448 家、国家三级博物馆 566 家。全国博物馆基本信息及 2021 年度开放运行情况可通过全国博物馆年度报告信息系统（nb.ncha.gov.cn）查询"[1]。

　　非遗馆的评估和级别判定是一个较为复杂的问题。笔者认为，可以借鉴参考现有博物馆的评分标准，在量化统计的基础上予以判定相应级别。博物馆评分定级分别为综合管理与基础设施 (200 分)、藏品管理与科学研究 (300 分)、陈列展览与社会服务 (500 分) 三个大项。综合得分达到 800 分的为一级博物馆，二、三级博物馆的标准分别为 600 分和400 分。其中一级博物馆的标准包括：藏品数量很大，或种类很多，或珍贵文物数量很多；具有很高的历史、文化、科学、艺术价值，或其中一类具有世界意义；有社会教育机构和专门从事社会教育工作的人员，馆内设有专门的教育服务区；有稳定的、具有一定规模的博物馆志愿者队伍，培训合格的志愿者每年应为博物馆或观众服务四次以上；国有博物馆每年开放时间应在 300 天以上，非国有博物馆在 240 天以上；基本陈列定期免费开放，且在 60 天以上；日常免费、优惠开放制度和措施向社会公示；每年免费接待的青少年观众群体的人数应占观众总人数的一定比例等。在对应上述标准的基础上，非遗馆的评估可以再增加非遗展示的相关细则，如活态化展示展演频次、非遗项目的保护措施等指标。

　　《博物馆定级评估办法》（2019 年 12 月）以前言、范围、依据的法律法规和文件、引用的标准和规范、术语、博物馆等级及标志、博物馆等级划分条件、评分细则共八个方面的内容对博物馆进行了定级和评估。非遗馆也可以参照这一标准进行定级及评估。为便于参考借鉴，以下内容是笔者以国家一级博物馆定级标准中的术语、等级及标志、等级划分条件三个最为关键的部分为例进行的对比分析，以此为未来不同级

---

[1] 《国家文物局关于公布 2021 年度全国博物馆名录的通知》，参见：http://www.ncha.gov.cn/art/2023/3/1/art_2237_46047.html。

别的非遗馆评定提供参考。

一、术语

	博物馆	非遗馆
定义	是指以教育、研究和欣赏为目的，收藏、保护并向公众展示人类活动和自然环境的见证物，经登记管理机关依法登记的非营利组织。	是指为加强非遗保护传承与宣传展示，充分展示各地区域文化特征、民族文化风情以及与之相关的非物质文化遗产表现形式，更好地集中弘扬中华优秀传统文化，彰显各民族群众和相关社区群体在文化多样性和创造力方面的作用，真实性、活态化对非遗项目开展教育研究等，而建设的专题场馆。
藏品	是指由博物馆永久收藏，具有历史、艺术、科学等价值的，用以收藏、研究、展示、教育、传播目的的文物、标本、资料、模型等的总称。	是指由非遗馆永久收藏或展示所用，以收藏、研究、展示、宣传、教育、传播等为目的的器具、实物、标本、资料、模型等的总称。非遗馆既有藏品，也有专门用于展示为某一非遗项目而制作的展品。
藏品库房	是指藏品集中保存的特定建筑物。	是指藏（展）品集中保存的特定空间，包括建筑物。如福建客家土楼营造技艺项目的展示，其建筑本身也是展示的内容。
藏品保护修复场所	是指博物馆运用传统修复工艺和现代科学技术手段对藏品进行科学分析、检测和保护、修复的特定建筑物。	主要是为展示非遗项目特色，运用相关非遗项目技艺和修复工艺，结合现代科学技术对藏（展）品进行科学分析、检测、保护和修复的空间环境。
展厅	是指博物馆用作向公众展示藏品、举办陈列展览的特定建筑物。	是向公众展示非遗项目、举办展览等的特定建筑空间环境或室外空间。

二、等级及标志

根据博物馆等级的划分标准，非遗馆可以对应划分为国家级（等同于国家一级博物馆）、省级（等同于国家二级博物馆）、市县级（等同于国家三级博物馆）。非遗馆等级证书、标牌可由文化和旅游部相关职能部门统一制作和颁发。

三、等级划分条件

2022年，由温州市文化广电旅游局、中国传媒大学联合编制，杨红、张依宁、赖再博、李方喜等人起草的《非物质文化遗产体验基地建设及服务规范》印发，该规范从范围、规范性引用文件、术语和定义、与非遗的关联度、基础设施、人员配置、基地活动、安全与应急管理、质量评估与改进等方面做出了一定的要求，对非遗馆的评估及等级划分具有一定的借鉴意义，但并未形成对非遗体验基地的评估及等级划分细则。笔者认为，非遗馆的等级划分可以借鉴博物馆的定级标准。以国家一级博物馆为例，国家级非遗馆的等级判定标准和相应条件可以分述如下。

（一）综合管理与基础设施表

		博物馆	非遗馆
1	法人治理结构	法人治理结构完善，理事会（董事会）和监事会或其他形式的决策、监督机构健全，运行机制有效。	有明确的政府主管部门，法人治理结构完善，由非遗业务部门或相应机构负责管理运营，管理、决策、监督机构健全，运行机制有效。
2	章程与发展规划	有正式批准和发布的博物馆章程和博物馆发展规划，发展规划符合自身定位、宗旨，体现高品质、特色化、差异化方向，服务国家和地区重大发展战略，年度工作计划符合发展规划要求。	有正式批准和发布的非遗馆章程和发展规划，发展规划符合自身定位、宗旨，体现高品质、特色化、差异化、综合化，服务国家和地区重大发展战略，年度工作计划符合发展规划要求。

3	建筑与环境	a) 建筑功能区块布局合理，自成系统。 b) 环境整洁、美观、舒适，绿化率高；室内空气质量好。	a) 建筑功能区块布局合理，自成系统，且符合各类非遗项目展示需要。 b) 环境整洁、美观、舒适，绿化率高；室内空气质量好。 c) 有一定的室外空间环境，用于展示表演。
4	人力资源	a) 岗位结构优化、梯次合理。高、中层管理人员一般应具备大学以上文化程度。 b) 员工考核、培训制度健全，人员、经费落实，业务培训全面，效果良好，强化上岗人员岗前培训管理，博物馆机构主要管理人员应具有文物行政管理部门委托或认可的干部培训经历并取得结业证书。	a) 岗位结构优化、梯次合理。高、中层管理人员应具备大学以上文化程度。 b) 员工考核、培训制度健全，人员、经费落实，业务培训全面，效果良好，强化上岗人员岗前培训管理，非遗馆机构主要管理人员应具有文化和旅游行政管理部门委托或认可的干部培训经历并取得结业证书。 c) 管理人员和从业人员中应有一定数量的非遗保护相关专业人员。
5	财务管理	a) 财务管理制度完善并有效实施，有充足的事业经费来源和保证。 b) 有多渠道、来源稳定的社会资助。	a) 财务管理制度完善并有效实施，有充足的事业经费来源和保证。 b) 有多渠道、来源稳定的社会资助。
6	安全保障	a) 一、二、三级风险单位按要求落实完善的安全防范系统，一、二、三级风险部位按要求落实完善的安全防范措施。 b) 有与博物馆规模相适应的管理规范、人员配置齐全的保卫工作机构；保卫工作规章制度健全，措施得当，有处置各类突发事件的应急预案；保卫人员受过专业培训，素质高、业务精，工作程序规范、准确；档案齐全，交接班制度完善、记录齐全；定期组织安全演练。 c) 消防组织健全，责任明确，管理制度完善，有处置各类火灾的应急预案；有与单位规模相适应的完善的消防设施、设备及安全、有效的防雷装置，并由专人管理，定期进行检查、维修、更新；定期组织消防演练，消防人员设备操作熟练、规范。	a) 一、二、三级风险单位按要求落实完善的安全防范系统，一、二、三级风险部位按要求落实完善的安全防范措施。 b) 有与非遗馆规模相适应的管理规范、人员配置齐全的保卫工作机构；保卫工作规章制度健全，措施得当，有处置各类突发事件的应急预案；保卫人员受过专业培训，素质高、业务精，工作程序规范、准确；档案齐全，交接班制度完善、记录齐全；定期组织安全演练。 c) 消防组织健全，责任明确，管理制度完善，有处置各类火灾的应急预案；有与单位规模相适应的完善的消防设施、设备及安全、有效的防雷装置，并由专人管理，定期进行检查、维修、更新；定期组织消防演练，消防人员设备操作熟练、规范。

（续表）

		博物馆	非遗馆
		d）公共安全制度完善，应急预案科学、规范；安全出口、疏散通道通畅，标志醒目；应急照明、救生等设施、设备完好；节日期间有应急医护人员。	d）公共安全制度完善，应急预案科学、规范；安全出口、疏散通道通畅，标志醒目；应急照明、救生等设施、设备完好；节日或重大活动展示展演期间有应急医护人员；具备处置突发事件的预案。
7	信息化建设	a）信息化基础设施（包括网络接入、网络安全、终端和配套设备等）建设完备，适应智慧博物馆建设的基本要求。 b）有一整套适用于智慧保护、智慧管理、智慧服务的业务系统，能够通过信息化手段支撑博物馆业务流程。	a）信息化基础设施（包括网络接入、网络安全、终端和配套设备等）建设完备，适应智慧非遗馆建设和活态、动态展示的基本要求。 b）有一整套适用于智慧保护、智慧管理、智慧服务的业务系统，能够通过信息化手段支撑非遗馆业务流程。 c）总分馆模式的非遗馆应具备随时互联的基础设施。

（二）藏品管理与科学研究表

		博物馆	非遗馆
1	藏品管理	a）藏品资源与本馆的宗旨、使命相符，形成完整的体系。 b）藏品总量300件/套以上、藏品总体价值特别珍贵，具有极高的历史、艺术、科学价值，其中一类价值具世界意义。 c）有适应本馆藏品状况、功能完善的藏品数据库。 d）有与本馆宗旨、使命相符的藏品征集政策和收藏范围；有规范的藏品征集组织与制度，对征集的藏品进行鉴定；有接受捐赠等多种征集渠道，征集经费充足，使用合理、效果好。 e）藏品管理制度完善；藏品入藏手续齐全、资料完整；藏品总登记账清晰，账物相符；分类账准确合理，编目科学翔实；藏品档案记录规范，新入藏的藏品及时建档备案，并及时登记入藏品总账。	a）藏（展）品资源与本馆的宗旨、使命相符，形成完整的非遗项目体系。 b）藏（展）品总量400件/套以上、藏品总体价值特别珍贵，具有极高的历史、艺术、科学价值，其中一类价值能够对应人类非遗代表作名录的价值意义。 c）有适应本馆藏品状况、功能完善的藏品数据库。 d）有与本馆宗旨、使命相符的藏品征集政策和收藏范围；有规范的藏品征集组织与制度，对征集的藏品进行鉴定；有接受捐赠等多种征集渠道，征集经费充足，使用合理、效果好。 e）藏品管理制度完善；藏品入藏手续齐全、资料完整；藏品总登记账清晰，账物相符；分类账准确合理，编目科学翔实；藏品档案记录规范，新入藏的藏品及时建档备案，并及时登记入藏品总账。

（续表）

		f) 库房面积满足收藏需要；库房管理制度完善；库房设施、设备齐全，藏品存放环境达标；藏品提用手续齐全，进、出库记录完整；藏品存放科学、合理、规范；三级以上藏品均配备有符合要求的装具，一级文物和其他易损易坏的珍贵文物有专柜或专库存放，并由专人负责保管；根据藏品质地控制温湿度，照明符合设计规范要求；库房整洁，空气质量好。 g) 藏品保护修复场所规模较大、设备齐全，并能有效运转；文物藏品修复资质和具备文物藏品修复资格的人员多；藏品修复、保养程序科学、规范，效果好。	f) 库房面积满足收藏需要；库房管理制度完善；库房设施、设备齐全，藏品存放环境达标；藏品提用手续齐全，进、出库记录完整；藏品存放科学、合理、规范；各类藏品均配备有符合要求的装具，文物类和其他易损易坏的珍贵藏品应有专柜或专库存放，并由专人负责保管；根据藏品质地控制温湿度，照明符合设计规范要求；库房整洁，空气质量好。 g) 藏品保护修复场所规模较大、设备齐全，并能有效运转；具备藏品修复资质和具备文物藏品修复资格的人员；藏品修复、保养程序科学、规范，效果好。 注：非遗馆的固定展品应有定期的检查、维护机制。
2	学术研究与科技	a) 学术机构健全，学术带头人为有全国性学术影响的专家；定期举办国际、国内学术活动；定期出版高质量的学术刊物；馆内人员经常在核心期刊发表专业论文、出版学术专著；系统收藏相关中外文学术期刊。 b) 有素质高、结构合理的科技队伍，有较大规模的实验室及相应科研仪器设备，能独立承担国际合作项目和国家级、省部级科研课题，取得重大科技成果或引进新技术，并运用到工作中，取得显著效果。 c) 有与高等学校、科研院所开展学术交流、联合研究、人才培养、双向兼职、科研成果共享和成果转化推广的协作机制。	a) 学术机构健全，学术带头人为有全国性学术影响的专家；定期举办国际、国内学术活动；定期出版高质量的学术刊物；馆内人员经常在核心期刊发表专业论文、出版学术专著；系统收藏相关中外文学术期刊。 b) 有素质高、结构合理的科技队伍，有一定的实验及科研仪器设备，能独立承担国际合作项目和国家级、省部级科研课题；取得重大科技成果或引进新技术，并运用到工作中，取得显著效果。 c) 有与非遗保护专业机构、高等学校、科研院所开展学术交流、联合研究、人才培养、双向兼职、科研成果共享和成果转化推广的协作机制。

（三）陈列展览与社会服务

		博物馆	非遗馆
1	影响力	a) 有博物馆品牌标志，并全面、恰当地运用；有完善的博物馆宣传计划，全国性媒体经常报道博物馆动态。 b) 在国内外有很高的知名度和很好的声誉；公众影响力很强，年观众 20 万人次以上；经常举办出境展览或引进外展。 c) 主动融入博物馆所在地城乡人民文化生活，年均开展社区活动不少于 20 次。 d) 积极参与各类博物馆行业组织、区域博物馆联盟、馆际交流平台，并发挥一定的引领作用。 e) 与地域相邻、主题相近、藏品相关的博物馆建立密切关系，与相关博物馆加强在藏品、展览、教育、人才资源方面的交流与合作。 f) 为中小博物馆、非国有博物馆提供长效化、机制化对口帮扶，有健全完善的联展、巡展、互换展览和人员互派等长效协同发展机制。	a) 有非遗馆标志、品牌，并全面、恰当地运用；有完善的非遗馆宣传计划，全国性媒体经常报道非遗馆动态。 b) 在国内有很高的知名度和良好的声誉；公众影响力很强，年观众 10 万人次以上；经常举办非遗专题展览或展示展演活动。 c) 主动融入非遗馆所在地城乡人民文化生活，年均开展社区活动不少于 10 次。 d) 积极参与各类非遗馆行业组织、区域非遗馆联盟、馆际交流平台，并发挥一定的引领作用。 e) 与地域相邻、主题相近、藏品相关的非遗馆建立密切关系，与相关非遗馆加强在藏品、展览、教育、人才资源方面的交流与合作。 f) 为中小非遗馆、非国有非遗馆提供长效化、机制化对口帮扶，有健全完善的联展、巡展、互换展览和人员互派等长效协同发展机制。总分馆模式的非遗馆应有全面的展览协调机制和定期的信息交流平台。
2	展示、教育和传播	a) 展厅环境优美、空气质量好，照明符合设计规范要求，展柜内微环境适宜展品保存。 b) 基本陈列主题明确，鲜明体现本馆特色；策划方案科学，经过专家论证；内容研究深入，展品组织得当，文字说明准确、生动、有文采；展览设计准确表达陈列主题，艺术感染力强；具有基本陈列动态调整机制，及时进行内容和展品更新；社会美誉度高。 c) 采取多种合作模式，经常举办原创性、有全国性影响力的临时展览；临时展览主题注重观众调查，筛选过程引入观众需求因素，有完善的前期策划和营销计划，展览的社会效益、经济效益好。	a) 展厅环境优美、空气质量好，照明符合设计规范要求，展柜、展区内微环境适宜展品保存。 b) 基本陈列主题明确，鲜明体现本馆特色；策划方案科学，经过相关领域专家的多次论证；内容研究深入，展品组织得当，文字说明准确、生动、有文采；展览设计准确表达陈列主题，艺术感染力强；具有基本陈列动态调整机制，及时进行内容和展品更新；社会美誉度高。 c) 采取多种合作模式，经常举办原创性、有全国性影响力的临时展览；临时展览主题注重观众调查，筛选过程引入观众需求因素，有完善的前期策划和营销计划，展览的社会效益、经济效益好。

		d) 能根据自身特点、条件，运用现代信息技术，开展形式多样、生动活泼的社会教育和服务活动，参与社区文化建设和对外文化交流与合作。有社会教育机构和专门从事社会教育工作的人员，馆内设有专门的教育服务区；有完善的社会教育工作方案和针对不同观众群体的社会教育计划；经常与教育部门以及其他单位联系或建立共建单位，开展有针对性的教育活动，积极推动博物馆进校园、进课堂、进教材，举办不同形式的讲座等活动，服务学校、工厂、社区和农村等不同观众群体；为省级（含）以上爱国主义教育、科普教育基地。 e) 有高素质、稳定的讲解员队伍；有两种（含）以上语言的、适合不同观众群体的科学、准确、生动的讲解词；定期进行义务讲解；有针对特殊观众群体的讲解服务；有两种（含）以上语言的现代化自助语音讲解设备。	d) 能根据自身特点、条件，运用多样化技术，开展形式多样、生动活泼的社会教育和服务活动，参与社区文化建设和对外文化交流与合作。有社会教育机构和专门从事社会教育工作的人员，馆内设有专门的教育服务区；有完善的社会教育工作方案和针对不同观众群体的社会教育计划；经常与教育部门以及其他单位联系或开展共建，开展有针对性的教育活动，积极推动非遗进社区、进景区、进校园、进课堂、进教材，举办不同形式的讲座等活动，服务学校、工厂、社区、景区和农村等不同观众群体；为省级（含）以上爱国主义教育、传统文化教育、科普教育基地。 e) 有高素质、稳定的讲解员队伍；有两种（含）以上语言的、适合不同观众群体的科学、准确、生动的讲解词；定期进行义务讲解；有针对特殊观众群体的讲解服务；有两种（含）以上语言的现代化自助语音讲解设备。
3	公众服务	a) 有"博物馆之友"等群众组织，人员结构合理，依照章程定期开展活动；博物馆志愿者队伍稳定、具有相当规模，全部实施上岗培训，每名志愿者每年为博物馆或观众服务48小时以上。 b) 博物馆每年开放时长240天以上；基本陈列在特定时间段定期免费开放，或向教师、军人、老年人、未成年人等免费开放；日常免费、优惠开放制度和措施向社会公示；年免费接待青少年观众人数占观众总人数的30%以上；科学测定、管理观众承载量。在具备条件和安全保障前提下，探索通过举办夜场延长开放时间；探索错时开放。 c) 交通便捷，可进入性好；博物馆出入口处道路通畅，有无障碍通道；外部引导标识设置科学、合理，清楚、美观。	a) 有"非遗之家"等群众组织，人员结构合理，依照章程定期开展活动；非遗馆志愿者队伍稳定、具有相当规模，全部实施上岗培训，每名志愿者每年为博物馆或观众服务48小时以上。 b) 非遗馆每年开放时长240天以上；基本陈列在特定时间段定期免费开放，或向教师、军人、老年人、未成年人与各级传承人等免费开放；日常免费、优惠开放制度和措施向社会公示；年免费接待青少年观众人数占观众总人数的30%以上；科学测定、管理观众承载量。在具备条件和安全保障前提下，探索通过举办夜场延长开放时间；探索错时开放。 c) 交通便捷，可进入性好；非遗馆出入口处道路通畅，有无障碍通道；外部引导标识设置科学、合理，清楚、美观。

（续表）

d）设室内售票点，或实施互联网售票、二维码验票；参观游览线路合理、顺畅；观众服务中心位置合理，规模适度，设施齐全，功能体现充分，咨询服务人员配备齐全，业务熟练，服务热情；博物馆导览等基本信息资料特色突出，品种齐全，内容丰富，文字优美，制作精美，适时更新，并免费为观众提供；基本陈列的标牌、展品等有文字说明；设有免费物品寄存处、特殊人群服务设施和设备、餐饮服务设施和纪念品、文创产品销售服务设施等；展厅内有观众休息设施；厕所等卫生设施、设备布局合理，数量满足需要、维护清洁及时，并与环境相协调；各种设施、设备中、外文标志清楚。	d）设室内售票点，或实施互联网售票、二维码验票；参观游览线路合理、顺畅；观众服务中心位置合理，规模适度，设施齐全，功能体现充分，咨询服务人员配备齐全，业务熟练，服务热情；非遗馆导览等基本信息资料特色突出，品种齐全，内容丰富，文字优美，制作精美，适时更新，并免费为观众提供；基本陈列的标牌、展品等有文字说明；设有免费物品寄存处、特殊人群服务设施和设备、餐饮服务设施和纪念品、非遗相关文创产品销售服务设施等；展厅内有观众休息设施；厕所等卫生设施、设备布局合理，数量满足需要、维护清洁及时，并与环境相协调；各种设施、设备中、外文标志清楚。
e）有专门网站，设计简洁大方，界面友好，互动性强，内容丰富，信息更新及时，支持两种（含）以上语言；馆内建立有多种形式的互动式或参与式的多媒体文化、科普、教育服务设施，服务有特色、质量高。	e）有专门网站，设计简洁大方，界面友好，互动性强，内容丰富，信息更新及时，支持两种（含）以上语言；馆内建立有多种形式的互动式或参与式的多媒体文化、科普、教育服务设施，服务有特色、质量高。
f）文化产品本馆特色突出，种类丰富，制作精美，销售情况好，有较完善的博物馆馆藏资源知识产权授权制度规范，为文化、科技企业开发利用博物馆数字资源提供便利。	f）非遗相关文创产品符合本馆特色，种类丰富，制作精美，销售情况好，有较完善的非遗馆馆藏资源知识产权授权制度规范，为文化、科技企业开发利用非遗馆数字资源提供便利。
g）提供藏品代为保管、鉴定、养护、修复及咨询等公众服务项目，公众满意度高。	g）提供非遗相关藏（展）品代为保管、鉴定、养护、修复及咨询等公众服务项目，公众满意度高。
h）观众调查制度健全，调查方法多样，调查成果充分运用。博物馆能依托自身资源，发挥特色和优势，在法人治理结构、藏品管理、学术研究、展示教育、观众服务等领域，大胆创新、勇于实践，引领行业发展方向，做出卓越贡献。	h）观众调查制度健全，调查方法多样，调查成果充分运用。非遗馆能依托自身资源，发挥特色和优势，在法人治理结构、藏品管理、学术研究、展示教育、观众服务等领域，大胆创新、勇于实践，引领行业发展方向，做出卓越贡献。

　　长期以来，博物馆一直与社会大众保持着一定的距离，博物馆高大上的殿堂式建筑，以及网络预约、现场排队购票的参观方式，在一定程度上疏远了观众。因此，部分传统博物馆逐渐开始向生态博物馆转型。在运营模式与评估方面，尹凯认为，生态博物馆的模式、评估与实

践应从思想到理论、从理论到实践，生态博物馆的运营管理与评估模式在这个过程中尤为关键，"如何将生态博物馆从理论转化为实践，则有赖于生态博物馆的操作模式，其模式的呈现有双重效力：一来澄清生态博物馆的定义，加深对生态博物馆理论的认知；二来窥探生态博物馆从理论到实践的'幕后推手'，勾勒生态博物馆实践的动力"[1]。而在非遗馆评估、定级等指标的设定中，也应参考借鉴类似的建设与管理运营模式，在互动体验、参与方面形成可以量化的指标，从而避免与观众产生距离感。

---

[1] 尹凯：《生态博物馆：思想、理论与实践》，科学出版社 2019 年版，第 61 页。

&

附　录

非遗馆建设
案例分析

近年来，从中国工艺美术馆·中国非物质文化遗产馆到浙江省非遗馆，再到其他省市非遗馆等，都已经陆续开馆运营，为后续非遗馆建设以及展陈设计工作提供了一大批典型案例。无论是建筑形式与基本展陈布局、展示主题与展陈设计，还是管理运营与社会服务等方面，都可以为各地新建非遗馆提供参考。

本书附录以非遗馆基本展陈文本大纲编制、非遗馆设计案例图释为主要内容，目的在于形成具有参考借鉴的文本体例，以及通过图片分析的方式为今后我国的非遗馆建设提供一定的参考。其中所用基本展陈文本大纲案例均由笔者主笔完成；图片案例一部分由笔者设计完成，一部分为笔者于各地调研期间所拍摄的实景图片，还有一部分为各地非遗馆提供的实景图或设计图，以及网络图片，致力于图例化、直观化地为各地非遗馆建设提供参考。

第一部分

非遗馆基本展陈文本大纲编制

　　基本展陈文本大纲是非遗馆基本展陈设计的核心，也是最重要的依据文件，大纲的编制需根据前文中所说的步骤、程序、内容进行合理论证，最后形成文本大纲，并须经非遗馆行政主管部门审批后实施。以笔者受委托编制的 W 市非遗馆为例，根据前文中所论述的基本展陈文本大纲的内容，从前言、指导思想、建设背景与展陈主旨、展陈策划依据、策划主题、展区构想、展厅板块及设计图示等七个方面完成撰写，可为今后非遗馆基本展陈文本大纲的编写提供参考。

一、前言

　　该部分主要明确非遗在赓续历史文脉、坚定文化自信、推动文明交流互鉴、铸牢中华民族共同体意识、建设社会主义文化强国等方面具有的作用及重要意义。以 W 市非遗馆为例，前言内容如下。

　　非物质文化遗产作为中华优秀传统文化的重要组成部分，是中华文明绵延传承的生动见证，是联结民族情感、维护国家统一的重要基础，也是中华优秀传统文化传承的根脉与基因。保护好、传承好、利用好非物质文化遗产，对于延续历史文脉、坚定文化自信、推动文明交流互鉴、铸牢中华民族共同体意识、建设社会主义文化强国具有重要意义。党的十八大以来，各地深入落实习近平总书记关于文化遗产保护工作的一系列指示精神，我国非物质文化遗产（以下简称"非遗"）保护工作取得显著成绩。

截至 2024 年 12 月，我国共有 44 项列入联合国教科文组织非物质文化遗产名录（名册），国务院已经公布五批次十大门类 1557 项国家级非遗代表性项目。2021 年 4 月，文化和旅游部《"十四五"文化和旅游发展规划》中明确提出要"建设 30 个国家级文化生态保护区和 20 个国家级非物质文化遗产馆"。非遗馆建设也将成为发掘、弘扬非遗项目文化内涵，展示、宣传、保护、研究非遗，实现"文化遗产保护传承利用体系不断完善，文物、非物质文化遗产和古籍实现系统性保护，文化遗产传承利用水平不断提高"的重要平台与窗口。

《中华人民共和国非物质文化遗产法》（以下简称《非遗法》）明确规定非遗是指"各族人民世代相传并视为其文化遗产组成部分的各种传统文化表现形式，以及与传统文化表现形式相关的实物和场所"。非遗馆建设是新时期非遗保护传承、收藏研究、合理利用的重要举措。对充分发掘和传播非遗的社会功能与丰富价值具有重要意义。为明确 W 市非遗馆建设理念与目标，强化场馆建设和利用水平，优化非遗保护、宣传展示、研究与利用非遗项目成果，加强国家级文化生态保护区建设成效，进一步提升非遗保护工作水平，根据《保护非物质文化遗产公约》《非遗法》《博物馆条例》等有关文件精神，按照"保护为主、抢救第一、合理利用、传承发展"的非遗保护工作方针，结合 W 市非遗馆建设定位，编制《W 市非物质文化遗产馆基本展陈大纲》，并在大纲基础上形成 W 市非遗馆概念性设计方案。

二、指导思想

指导思想包括两部分，一是国家文化和旅游工作的要求，二是非遗馆建设与当地经济、文化旅游发展、社会文化服务等方面的关系。

以习近平新时代中国特色社会主义思想为指导，深入贯彻落实党的二十大精神，坚持以社会主义核心价值观为引领，坚持创造性转化、创新性发展，坚守中华文化立场、传承中华文化基因。

按照"保护为主、抢救第一、合理利用、传承发展"的非遗保护工作方针，深入实施非物质文化遗产传承发展工程和《关于进一步加强非物质文化遗产保护工作的意见》，推进实施《"十四五"非物质文化遗产保护规划》，切实提升非遗整体性、系统性保护水平，为全面建设社会主义现代化强国提供精神力量，为W市社会、政治、经济、文化、生态文明建设综合发展提供支持。

三、建设背景与展陈主旨

该部分主要说明场馆建设背景、社会发展背景、文化工作需求等方面的背景，以及描述展陈应具有的立意和所涉及的文化形态等。

建设背景

为提高W市非物质文化遗产宣传展示水平，W市拟建设的非物质文化遗产馆主体工程和改造工程即将竣工。本展陈规划大纲主要就W市非遗馆的非遗基本展陈、展示区域展开。为提升保护成果的展示、宣传、保护、研究，进一步加强非遗保护工作水平，宣传展示 W 市的文化生态保护区建设成果，在非遗项目成果的转化与利用方面发挥积极作用。

展陈主旨

· 保护传承弘扬中华优秀传统文化；

· 充分展示宣传非遗，见证 W 市人民的创造力和地域文化多样性；

· 彰显 W 市人民的非凡智慧，展现 W 市历年来非遗保护成就与成效；

· 加强文化自觉，坚定文化自信，铸牢中华民族共同体意识，促进人类命运共同体构建和人类可持续发展；

· 服务新时代国家发展战略和 W 市区域经济发展战略，为 W 市非遗保护提供全面、协调、可持续的发展空间；

· 推动中华优秀传统文化创造性转化、创新性发展。

四、展陈策划依据

展陈策划依据重点列出非遗馆建设所依据的法律法规、政策文件，以及与非遗保护工作相关的其他文件。同时，这些文件也是非遗馆建设方、展陈设计方和施工单位应了解的基本文件。

展陈策划依据

（一）法律法规

1.《保护非物质文化遗产公约》

2.《中华人民共和国非物质文化遗产法》

3.《中华人民共和国文物保护法》

4.《博物馆条例》

5.《国家级文化生态保护区建设管理办法》

（二）国家政策文件

1. 文化和旅游部《"十四五"文化和旅游发展规划》

2. 文化和旅游部《"十四五"非物质文化遗产保护规划》

3. 中共中央办公厅、国务院办公厅《关于进一步加强非物质文化遗产保护工作的意见》

4. 中共中央办公厅、国务院办公厅《关于实施中华优秀传统文化传承发展工程的意见》

（三）非遗馆建设相关文件

1. 建筑设计方案（建设方和设计方提供）

2. 可行性研究报告（建设方和设计方提供）

3. 历次 W 市非遗馆建设与基本展陈研讨论证意见与建议

4. W 市国民经济"十四五"规划相关文件

五、策划主题

策划主题是展陈大纲的核心。因 W 市建立有国家级文化生态保护区，基于此，笔者拟就了以下四种展陈主题。

· 永远的家园——国家级文化生态保护区非遗展

· 守正创新，创享美好生活——国家级文化生态保护区非遗展

·齐鲁风韵，W市生活——国家级文化生态保护区非遗展

·齐鲁风情，W市家园——国家级文化生态保护区非遗展

在上述主题词中，W市非物质文化遗产馆拟以"齐鲁风情，W市家园——国家级文化生态保护区非遗展"为基本展陈主题语，以表达齐鲁大地几千年来传承存续的历史文脉，其中，"W市家园"既点明地域范围，也代表W市人民的精神家园等，恰当涵盖了W市的地域文化内涵。副标题"国家级文化生态保护区非遗展"则更加契合以非遗为核心的文化生态保护区建设和非遗系统性保护等新时期文化与旅游相关工作的要求。基本展陈应深度对应主题从如下方面策划设计。

·齐鲁风情，W市家园——传承千年绵延不灭的薪火温度！

·齐鲁风情，W市家园——W市人民繁衍生息的文化根脉！

·齐鲁风情，W市家园——W市人民千锤百炼的工匠精神！

·齐鲁风情，W市家园——齐鲁大地兼容并蓄的思想智慧！

·齐鲁风情，W市家园——齐鲁大地璀璨夺目的中华瑰宝！

·齐鲁风情，W市家园——中华民族历久弥坚的文化自信！

六、展区构想

展区构想应根据非遗馆的建筑体量、布局形式、展览面积等综合考虑，并须在前期论证的基础上合理确定功能分区，以及确定各区域的基本展陈。

（一）功能分区

依据现有建筑结构及各层功能定位，一层至三层空间基本展陈构想如下：

1. 一层（重点项目展示区域）

相关功能区及非遗项目常设展区，包括出入口、总服务区、重点项目综合展示区、非遗文创售卖区等空间。另需设置互动体验区，用于非遗项目的现场演示、观众互动及传习体验。

2. 二层（非遗项目、传承人专题展区）

以展示 W 市丰富多彩的非遗项目和传承人为重点，涵盖文化生态保护区建设、非遗工坊、非遗研培计划、可互动非遗项目及传习活动等展区。

3. 三层（分主题展区）

用于非遗项目专题展及临时展、全国非遗基本数据及 W 市非遗保护成就展、非遗培训及会议活动。

4. 室外展区（表演类非遗项目及群众性活动主题区）

主要用于难以在室内呈现的民俗，传统舞蹈，传统体育、游艺与杂技类非遗项目的展示展演。需要与现有建筑设计的功能相结合，预留出室外展示空间和展演舞台。

各展区强调以观众为本、以传承人为主体的布展思路。采用传统展陈与现代展示方法相结合的布展方式，突出非遗真实性、传承性、活态性、整体性的特点。

（二）展陈构想

鉴于场馆面积及高度的限制，展览中应遵循以下要求。

以有限空间展示齐鲁风采，以天地人文映衬齐鲁风情，以典型项目折射 W 市智慧，以动静结合反映历史韵味。

1. 在实物陈列、图文展板、动画演示等展陈方式的基础上，增强非遗展示项目的互动化、活态化呈现，如在一层常设展厅入口处设置观展人流量监测装置，形成"有印记的 W 市非遗"；二层展区中间区域设置"可律动的 W 市"环形通道；三层展区设置"W 市非遗大讲坛"等主题功能空间，以提高观众对非遗项目的认知，提升民众参与度。

2. 充分利用数字化交互展示方法，在图文展板、LED 屏的基础上，引入三维立体成像、虚拟现实和增强现实等多种方式，让观众沉浸式体验非遗。

3. 强化非遗活态传承，通过定期举办分类别、分项目、分专题的主题展、临时展等活动吸引观众，增强展示效果，以提高场馆利用率。

4. 通过传承人现场展演活动，深化观众与传承人的交流互动。

5. 开展"学生进展馆""民众爱非遗"等专题活动，增强 W 市人民热爱非遗、保护非遗的意识。

七、展厅板块及设计图示

展厅板块是在展陈构想的基础上对展区的细分，需与非遗馆管理方、展示设计方、施工方在确认布局形式和展陈构想的基础上，明确不同板块所展出的非遗藏（展）品及相关需要展示的非遗项目。在有条件的基础上，可以加入三维效果设计图或参考图示。

　　W市非遗馆一层基本展陈自主题词中归纳为三个分区，分别展示习近平总书记重要讲话原文摘录，非遗基础知识认知，非遗十大门类中W市的基本数据、W市各级非遗项目情况，以及非遗文创售卖区和非遗活动体验区。

　　二层展区主要是综合化的非遗项目实物呈现和活态化展示。综合运用不同的艺术设计方式，按照《非遗法》中关于非遗项目的分类方法、汇总、合并后有序展示。

　　三层数字化保护成果将在上述展厅中分类应用，分块展示，综合呈现，包括传承人、保护成果、文化生态保护区建设成就等内容。

　　从一层至三层，可分为以下几个展区。

· 序厅——习近平总书记就文化遗产保护重要讲话原文摘录、非遗保护基础知识、W市非遗基本数据、W市非遗地图等内容。

· 非遗生活——场景式、组团式设定W市典型非遗项目展示区、非遗文创及非遗成果转化展区。

· 工巧智慧——重点是风筝和年画（包括木版年画、扑灰年画、高密半印半绘年画、手绘年画等），以及核雕、嵌银、泥塑、剪纸、红丝砚、丝绸、刺绣等。

· 齐鲁风韵——民间文学、传统戏剧、曲艺、传统音乐、传统舞蹈类非遗项目，重点是古琴、措琴、茂腔、大舜传说、柳毅传说、小章竹马、月宫图、东路大鼓等。

· 鸢飞九州——习俗、武术、中医、美食类项目，重点是东镇沂山祭仪、祭海节（羊口、滨海、下营）、孙膑拳、孙膑崇拜（烧大牛）、传统中医中药（黄元御、骨伤疗法等）。

· 薪火相传——以各级代表性传承人、齐鲁文化生态保护区保护工作成就、W市非遗保护历程及W市历史文化发展历程的展示为主。

如后续展陈空间可以增加，建议另行设置非遗互动体验区、非遗项目展示展演区，以强化非遗项目的活态展示展演。

（一）序厅

重点展示习近平总书记重要讲话原文摘录、W市非遗基本数据、非遗地图等内容。

·展陈形式及要求

采用图文展墙、展板、多媒体、虚拟现实技术等多样化的综合方式。

（1）步入一层入口后，以正对面的区域作为序厅，序厅设置展示墙体，正对面墙体上方将习近平总书记关于文化遗产，尤其是与非遗相关的重要讲话原文摘录作为核心展示。

（2）序言展示区位于序厅墙体侧面。序言内容重点体现珍爱文化传统的潍县人民这一要旨，撰写内容依次展示齐鲁文化、W市文化、W市非遗在本省乃至全国的情况、W市非遗保护实践及其成果等内容，注重传统文化保护与非遗保护的衔接。

（3）非遗基础数据展示区位于序厅主展区后方位置。以W市非遗数据、W市非遗项目分布等内容为主，通过立体展台、投影展墙及触控语音播报的方式展示。

·展陈内容与项目

本展区强调齐鲁文化风采和珍爱文化传统的W市人民两个核心要义，注重传统文化保护与非物质文化遗产保护的衔接。

（1）W市自古以来的文化传统、典籍文献。

（2）W市非遗保护及非遗项目数据。

（3）W市四级非遗名录及保护实践（展示重点）。

（4）非遗文创售卖（非遗融入生活的见证）。

·**展示设想（部分）：**

（1）W市自古以来的文化传统、典籍文献（占比15%左右）

①内容：以文字叙述为主，配相关典籍文献实物及图片。

②展示方式：展板为主，图文并茂，适量实物佐证。

（2）W市非遗保护及非遗项目数据（占比20%左右）

①内容：文字、图片、相关文献资料及实物。

②展示方式：以经过设计的图文并茂的展板为主，实物为辅，考虑结合以往非遗相关的视频、文案、宣传片等，设置大型LED屏或投影进行播放，增强知识性文案解说效果。

·**展陈效果示意（略）**

·**展示要旨及讲解重点**

（1）按照《保护非物质文化遗产公约》和《非遗法》界定的相关概念，描述非遗及相关展示内容。

（2）在文化遗产的整体框架下梳理"非物质文化遗产"与"文化遗产"的关系，以及非遗与中华优秀传统文化的关系。

（3）传达保护非物质文化遗产的意义，如保护保持文化多样性，尊重、创造、共享、传承、发展等各方面的意义。

（4）描述非物质文化遗产的社会功能与文化价值。

如激发社区、群体或个人对美好生活的希冀与幸福感，增进民族凝聚力，展示社会主义核心价值观，增强民众对国家、W市家园、齐鲁文化的认同感。

此外，也可依据不同项目内容，阐释非遗的精神价值、教育价值、历史价值、文学价值、艺术价值、科学价值等。

（5）W市非遗保护实践及成果（简述概况）。如四级名录体系（目前五批国家级非遗代表性项目名录1557大项中W市的占比）；代表性传承人（目前五批国家级非遗代表性传承人3057人中W市的占比）；文化生态保护区、生产性保护示范基地、非遗记录工程、拓展传承传播通道、理论研究、深化《公约》实践以及国际合作（以风筝为主）等方面的概述。

（二）非遗生活

本区域位于一层序厅后至二层之间。场景式、组团式展示W市典型特色非遗项目、非遗文创及非遗成果转化等相关内容。

·展陈形式及要求

该厅将以展墙、展板、实物等相结合的形式，展示与W市民众生活密切相关的非遗项目。展陈布局拟以中间大型的装置艺术，将该厅再次划分为四个区域，在展厅的四个基本方位分别展示W市各区域非遗项目展品。

四周墙面除图文版面展示外，还需对应项目设置展台以展示传统美术作品、传统技艺场景等，同时设定单独区域进行木版年画印刷、风筝扎制、剪纸等体验。例如：织机、纺机日常可作为静物展示，并每年选取特定时间邀请传承人现场演示，在增加互动体验的同时，开辟非遗文创产品售卖区域。

（1）核心展示区：由于一层层高相对适宜大型项目的展示，所以可以设置织机、纺机、大型风筝等实物，并将上述项目有机结合起来，打造具有现代艺术观感的场景，充分展示传统美术和传统技艺类非遗项目的风采。

（2）在一层至二层通道区域放置 W 市非遗基础数据和代表性非遗项目的相关图片，以增强展厅氛围。

·展陈内容与项目

重点展示与民众生活密切相关的剪纸、木版年画、石雕、草柳编、盆景制作、面塑、烙画、葫芦雕刻、酿酒技艺等传统项目。

·展示效果示意（略）

·展示要旨及讲解重点

非遗让生活更美好，让美好更隽永。非遗是 W 市民众精神生活不可或缺的重要内容。W 市非物质文化遗产在传承人手中绽放出绚烂色彩，在时光与岁月中沉淀出生活大美，从心手相传到融合创新，是一次次神奇的相遇与邂逅。

非遗源于民众生产生活，并因多样化的生产生活方式而不断延续传承。非物质文化遗产是文化的传承，更是生活方式的体现。从敬畏自然到顺天应时，从取于天地到回馈自然，从生活艺术到美学空间构建，从心手相传到融合创新，W 市非遗是人民智慧的凝聚，也是人民生活态度的表达。促进非遗融入当代生活，不断增强非遗的生命力和传承活力，实现发展与振兴，坚守初心与使命，W 市非遗保护传承不断创造着新的辉煌。

（三）工巧智慧

本区域位于二层南侧区域。重点以风筝和年画（包括木版年画、扑灰年画、高密半印半绘年画、手绘年画等）、核雕、嵌银、泥塑、剪纸、红丝砚、丝绸、刺绣等项目的展示为主。

·展陈形式及要求

传统美术、传统技艺类项目是一般观众较为了解的"非遗"，也是相对于其他项目更容易充分展示的项目类别。该展区将以实物为重点展示相关项目，充分体现 W 市人民的工巧智慧和技艺传承。

展厅中间区域是以多个装置组合、雕塑为主设计的触控屏，场景式、组团式展示 W 市国家级非遗项目、非遗文创产品及非遗转化成果。其中，涉及民间文学、民俗的项目，因现场互动较为受限，因此展陈以图文为主，互动为辅。

·展陈内容与项目

设定单独区域进行木版年画印刷、剪纸、面塑、丝网印、木板雕刻等体验。

传统技艺类项目展区适合展示的实物有嵌银漆器、临朐木雕、漆器、丝绸、织布及相关工艺品。

·展陈效果示意（略）

·展示要旨及讲解重点

传统美术是以传统材料为媒介，以独特的表现工具和手法对民族和民间美术形态进行的艺术创作。我国传统美术不仅包括绘画、雕刻、建筑、工艺美术等，还形成了不同于西方美术的独特特征与创作体系。与注重客观再现事物外在形式的西方美术相比，传统美术更注重主观情感的表达和意境的塑造。传统美术类非遗项目不仅表现形式多样，并且在观念及表现方法上自成体系，独具民族特色。中国书法、雕塑、建筑、篆刻、工艺美术等也都注重功能性、审美性与艺术性的高度统一，具有鲜明的人文主义精神，是中华优秀传统文化的集中体现。

传统美术类非遗项目不仅具有造型艺术的一般属性和特征，更是千百年传承延续的民间美术思想，项目中更浓缩并体现了中华独特美学特征，也是 W 市人生活习俗的历史见证。

技艺一般是指在工具和材料使用中的才能、才智、技术、技巧或掌握到的独特手艺。传统技艺是具有悠久历史文化背景的技术、技能，必须经过长期训练和深入研究学习才能掌握，是具有民族性和历史归属感的各民族智慧与创造力的结晶。中国的传统技艺类非遗项目众多，各民族、各地区的瓷器制作、笔墨纸砚制作、染织等传统技艺等不胜枚举。作为中国民间传承下来的工巧智慧，W 市的某些非遗依然在现代社会生产和日常生活中被广泛应用，如 W 市的核雕与酿酒技艺等。

保护传统技艺类非遗项目对于满足民众的生产生活需求，增强民族和区域文化意识具有重要意义。很多传统美术类项目都是因为传统技艺的运用而形成的，而传统技艺类项目也对促进和提升传统美术作品的美术价值和艺术水平起到了重要作用。如传统美术中的书法作品就是笔墨纸砚制作技艺存在的重要基础，而笔墨纸砚对各类艺术作品也起到了强化效果。

（四）齐鲁风韵

该展区位于二层北侧，以四季变换为时间轴，营造出具有流动感的生活场景，表现 W 市的齐鲁文化特质。

· 展陈形式及要求

在展示手法上以四季变换和家庭生活场景的变化营造该展区氛围，将 W 市人民的日常生活通过二十四节气、过门笺、剪纸、泥塑、面食制作技艺等项目组合成场景化的展区。陈列民间文学、传统戏剧、曲艺、传统音乐、传统舞蹈类项目，重点是青州挫琴、茂腔、大舜传说、柳毅传说、小章竹马、月宫图、东路大鼓等。展示民俗类项目可引进三维立体成像、AI 体验，甚至小型角色扮演类活动，以增加观众的体验感。

展陈以图文、实物为主。互动内容可以充分利用新型数字化交互展示方法，引入虚拟现实、三维立体成像、望远镜、AI 体验等多种方式，增加观众的参与度与体验感。这样既可避免与一层展陈内容重复，又可对一层的展陈内容进行补充，还可以设置自助欣赏区，让观众自由选择曲目聆听。庙会、二月二龙抬头、诸城财神节、寒亭盐神节、祭舜大典等民俗类项目可以通过环境营造、实物展示、巨幅图片张贴等方式进行展示。

· 展陈内容与项目

静态展出传统音乐、传统戏剧、曲艺类项目的历史资料（旧曲谱、民间抄本、老剧本、手抄本等），传统舞蹈类的演出道具、服装、服饰，地方剧种的服装、服饰，演出场景、舞台场景图片，代表性传承人作品，音像制品、数字资源等。

传统音乐、传统舞蹈、传统戏剧、曲艺类项目中，动作类项目内容适合在一层室外进行现场展演、展示，其他项目则以静态展示为主，互动为辅。如青州挫琴、诸城喇叭吹打乐等可以在体验区进行互动展示和沉浸式体验；又如，一层区域设现场展演舞台，五楼可设置 AI 体验区，以增强观众的参与感。

·展陈效果示意（略）

·展示要旨及讲解重点

中华文化源远流长、灿烂辉煌。齐鲁文化中积淀着中华民族最深沉的精神追求，代表着山东人民独特的精神标志，是 W 市人民生生不息、发展壮大的丰厚滋养，对延续和发展中华文明、促进人类文明进步发挥着重要作用。

阐释非遗在加强文化自觉，坚定文化自信方面的重要意义。非遗保护要高举中国特色社会主义伟大旗帜，全面贯彻党的历届全会精神，深入学习贯彻习近平总书记重要讲话精神，紧紧围绕实现中华民族伟大复兴的中国梦，深入贯彻新发展理念，坚持以人民为中心的工作导向，坚持以社会主义核心价值观为引领，坚持创造性转化、创新性发展，坚守铸牢中华民族共同体意识。传承中华文化基因，不忘本来、吸收外来、面向未来，汲取中国智慧、弘扬中国精神、传播中国故事，坚定文化自信，不断增强中华优秀传统文化的生命力和影响力，创造中华文化新辉煌。

诠释民俗类非遗项目的基本概念。"民俗"是指一个民族或一个社会群体在长期的生产实践和社会生活中逐渐形成并世代相传、约定俗成并延续下来的民间行为、礼俗、岁时节令等内容的合集；也可以理解为被社会民众所认可和接受的民间流行的风俗习惯，是长期以来约定俗成的民间文化活动事项的总称。民俗类非遗项目都以人本身的活动作为重要载体，与人们的生产、情感和精神有紧密的联系。民俗是相对于古代官方事项而又在民间传承的项目，是最贴近民众内心和融入生活的一种文化形式。民俗类非遗项目既有生产劳动、日常生活的民俗，也有传统节日、社会组织的民俗，人生成长的礼俗等。民俗涉及经济、社会、信仰、娱乐、精神等方面的内容。

作为非遗项目的民俗泛指一个国家、民族或地区聚居的民众所创造、共享、传承的风俗与生活习惯。民俗类非遗主要包括中国传统民族节日、风俗习惯、祭祀祭典、民间信仰、婚俗仪式、民族服饰（因各民族节日期间是民族服饰的主要穿戴时间）等内容。如二十四节气、春节、端午节、中秋节等都属于国家级非遗代表性项目，纳入了保护范畴。民俗类非遗项目是促进亲情和谐与人际关系和睦的重要平台，其内容丰富多彩，具有重要的历史、艺术和文化价值，发挥着民族文化自觉自信，在社会和谐、民族团结方面具有重要意义。

（五）鸢飞九州

本区域位于二层中间区域，与工巧智慧、齐鲁风韵板块共用该空间。重点以风筝作为二层吊顶空间的艺术元素，辅以 W 市在各个历史时期出口国外或者在世界各国具有影响力的非遗项目展示。

·展陈形式及要求

展陈以实物为主，结合 VR 成像技术或电子屏展示。用形式、色彩相对统一的龙头蜈蚣风筝、沙燕风筝做出顶部造型，二层中间区域以虚拟的蓝色天空映衬风筝。这既是对风筝的展示，也是装饰设计手法和特殊材料的运用。

展陈空间将设置环岛形展台、两侧展墙、W 市古建筑以营造场景。地面可设置圆形地台，中间立纯白色粗壮树干，以悬挂部分非遗项目展示品，如鸟笼、花猫灯、香包等；地台周边可放置 W 市非遗相关的文物复制品，充分讲述 W 市的历史文化及对外文化交流。

民间文学类项目将结合触控屏方式，实现项目成果的数字化呈现。如嫦娥奔月传说、大舜传说等项目可以通过音视频与场景结合的方式呈现。

　　传统医药类非遗项目及其成果可以展墙、文献资料、图文版面的形式展示，民俗类项目可以实景搭建、综合材料运用和多媒体技术结合的方式展示。如医药类的中医针灸所用实物，标注经络穴位的铜人可用于触摸，还可定期请传承人现场给观众针灸治疗，以加大宣传力度。

　　· 展陈内容与项目

　　左侧面作为民间文学类项目的展示区，重点展示嫦娥奔月、仓颉造字、郑板桥、秃尾巴老李、云门献寿、白浪河、梁祝、大舜、柳毅、公冶长的传说。展示可以将东路大鼓（诸城派）、诸城竹板快书、山东快书的形式融合传说内容，辅以民歌（青州民歌、临朐民歌）、青州挫琴、诸城喇叭吹打乐、潍县锣鼓、锣鼓艺术（闹台锣鼓）、长管葫芦丝等演出的音视频展示。中间区域立的白色树干可以展示月宫图、芯子灯、百鸟朝凤等传统舞蹈类项目。

　　右侧面展区可以设置 W 市古建筑，并开辟出相对完整的空间，设立类似于药铺的环境，展示 W 市中医药类非遗项目。重点包括：中医针灸（结合人类非遗项目在 W 市的传承情况）、董家骨科正骨疗法、中医正骨疗法（邀请传承人现场展示与行医诊疗）。

　　· 展陈效果示意（略）

　　· 展示要旨及讲解重点

　　民间文学源于民间，来自传统，是中华优秀传统文化的根脉，是我国各族人民群众在生产生活中创作形成、传承、传播的口头传统和语言艺术。民间文学类非遗项目内容丰富多彩，包括传说、神话、民族史诗、寓言、歌谣、谚语、谜语等内容，并且以口口相传的方式世代传承。民间文学类非遗项目是深深根植于民众生活文化中的口头文学合集。很多项目表现形式是农民、牧民、渔民、工匠等在生活中的经验总结和工作指南，具有不同于书面文学的特征。

民间文学类非遗项目通过口头讲述与传唱先祖的历史文化、生产生活经验、社会风俗习俗等内容，通过不同民族语言和特殊的表达方式，表述、抒发、诠释着群体、社区以及个体的思想情感、历史观念和文化思想等，使各民族民众的历史记忆得以延续。在各民族历史长河中，民间文学类非遗项目生生不息，包罗万象，代代传承、延续。在历史传承中，人们对流传下来的民间文学作品不断进行加工、琢磨，不断锤炼和"再创造"，成为不断延续着中华优秀传统文化及其表现形式的典范。

传统音乐在各民族生产生活中口口相传，是代代传承下来的民歌、器乐等形式的总和，是运用中华民族特有的音乐艺术形式，表现具有鲜明的民族审美内涵和情感的音乐作品，是运用各民族固有的创作方法、采取本民族形式创造的具有传统音乐形态特征的艺术形式。传统音乐是我国民族音乐中一个极为重要的组成部分，中国艺术研究院音乐研究所编写的《民族音乐概论》将其分为五大类：古代歌曲、歌舞与舞蹈音乐、说唱音乐、戏曲音乐、民族乐器。非遗类传统音乐项目则是集中体现各民族文化多样性，最能体现普通大众心声的部分。它具有自由的传承脉络和不同的传承流布区域，是各民族"确立各民族文化身份的重要标志"，具有民族文化指认的特征。

项目举例：侗族大歌

戏剧是指通过语言、动作、舞蹈、音乐等形式达到叙事目的的舞台表演艺术的总称，它是由文学、音乐、舞蹈、美术等表演艺术元素综合而成的中国传统艺术表现形式。中国传统戏剧经过长期的发展演变，逐步形成了以"京剧、越剧、黄梅戏、评剧、豫剧"中国五大戏曲剧种为核心的体系，堪称国粹。传统戏剧以富于艺术魅力的表演形式，为历代人民群众所喜闻乐见，在世界剧坛上占有独特的位置。传统戏剧历史悠久，剧种繁多，表演形式载歌载舞，有念有唱，有文有武，集"唱、念、做、打"于一体，以虚拟和程式化的表演，创造了区别于世界其他任何戏剧的独特的表演体系。传统戏剧类非遗项目主要集中了京剧、昆曲、吕剧、川剧、豫剧、粤剧、高甲戏等各地的地方剧种。除了地方剧种外，木偶戏、布袋戏、皮影戏也属于传统戏剧类项目。

项目举例：茂腔、吕剧等

曲艺是以口语说唱来叙述故事、塑造人物、表达思想感情并反映社会生活的表演艺术形式，是我国各民族"说唱艺术"的统称。曲艺在发展中广泛吸收了民歌、器乐、民族语言和各民族声乐等姊妹艺术的音乐唱腔和表演技巧，形成了曲调异常丰富、形式灵活多样、表演灵活、题材反映生活、群众喜闻乐见的传统艺术样式。它是由民间口头文学和歌唱艺术历经长期发展演变形成的一种独特的艺术形式，它以最通俗、最具民间性的表达，娱乐民众、宣扬情怀。如相声艺术通过说、学、逗、唱的形式，体现了针砭时弊、娱乐民众的特点。

项目举例：相声、东北二人转、苏州评弹等

传统医药类非遗项目作为我国优秀传统文化的重要载体，在漫长的历史进程中，对于相关社区群体具有重要意义，在增强民众体质、维护人民健康、促进文明交流等方面具有重要作用。我国各民族的传统医药及其理论和实践体系博大精深，蕴含了丰富的中国智慧、中国实践。恬淡从真的养生之道、冲和中庸的治疗法则、清心内守的生命理念、以人为本的医道准绳、诚信无欺的行业规范始终贯彻于中医药理论与实践的各个方面。传统医药类相关项目体现着治病救人的核心宗旨，是我国优秀传统文化的珍贵财富。

（六）薪火相传

本展区位于三层北侧区域，主要展示 W 市各级代表性传承人、齐鲁文化（W 市）生态保护区工作成就、W 市非遗保护历程及 W 市历史文化等内容。

·展陈形式及要求

展厅分项目类别设置传承人照片墙，分类别展示国家级文化生态保护区的建设成就等。该厅以 W 市现有的代表性传承人的肖像作为主题墙，展厅区域中间位置设置 10 个利用装置、雕塑艺术设计而成的触控屏，以作为传承人传承传习状况信息查询的平台。展墙延展区可展示非遗保护成果的概述，以及设置齐鲁文化生态保护区保护成就展。

·展陈内容与项目

（1）国家级代表性传承人的肖像主题墙，包括个人照片、传承传习活动图片，触控屏将详细展示传承人的相关资料。

（2）非遗保护成果的概述以及齐鲁文化生态保护区保护成就展示区。主要展示党和政府及各级领导高度重视非物质文化遗产保护工作的图片及文字介绍，以及 W 市的非遗保护工作方针、工作原则、制度机构等方面的内容。

·展陈效果示意（略）

·展陈要旨及讲解重点

（1）新时代非物质文化遗产保护的责任担当与崇高使命。铸牢中华民族共同体意识；保护非物质文化遗产，促进社会和谐发展；非物质文化遗产向上向善尚美的当代价值与践行社会主义核心价值观；非物质文化遗产保护在扶贫和文旅融合中的作用与优势。

（2）保护非物质文化遗产，推动构建人类命运共同体。习近平总书记关于"人类命运共同体"思想与《公约》宗旨高度契合。习近平总书记在阐述构建人类命运共同体的基本原则时，提出伙伴关系要"平等相待、互商互谅"，文明交流要"和而不同、兼收并蓄"，生态体系要"尊崇自然、绿色发展"，是对和平、仁爱、天下一家等优秀传统文化的创造性转化、创新性发展。这一理念与《公约》保护非物质文化遗产，尊重有关社区、群体和个人的非物质文化遗产，在地方、国家和国际上提高对非物质文化遗产及其相互欣赏的重要性的意识，开展国际合作及提供国际援助的宗旨相契合。

（3）保护非物质文化遗产，促进可持续发展。非物质文化遗产资源浩繁、内容丰富、表现形式多姿多彩，传承实践与民众的基本生活密切相关。保护非物质文化遗产关乎人类的食品安全、医疗保健、优质教育、性别平等、包容性经济发展、环境的可持续发展和世界持久和平。保护非物质文化遗产，可促进全维度可持续发展观的建立、健全和践行。

（七）多功能区

该区域位于三层南侧区域，兼具表演类非遗项目的临时展示、讲座、会议、研讨等功能。

· 多功能厅（戏剧模式）

1. 表演艺术类项目展演；2. 地方剧种专场演出；3. 歌舞集萃专场演出；4. 曲艺专场演出。

· 多功能厅（会议模式）

设立 W 市非遗大讲坛，开展学术活动与公共教育，与相关院校联合开展非遗大课堂活动等。涉及内容如下。

1. 非遗与服饰；2. 非遗与美食；3. 非遗与建筑；4. 非遗与旅游；5. 古琴艺术赏析；6. 传统戏剧之美；7. 非遗保护实践与生态文明建设。

· 室外临时活动及展示区

建筑外的空地区域，可根据实际需求加入雕塑、装置艺术作品，开展美食技艺类项目、表演艺术类项目的现场展示活动，也可以作为群众文化活动与非遗项目结合的体验区。如设置室外小型舞台，在文化和自然遗产日、国际非遗节、非遗博览会、春节庙会期间组织开展相关活动等。

第二部分

非遗馆设计案例图释

　　为有助于非遗馆展陈设计，本部分将根据若干张图片简要分析非遗馆的展陈设计方案和部分实景展陈。之所以利用图片进行分析，是因为设计效果图本身就是一项具有重要价值的工作，可以为正在建设以及即将建设的非遗馆提供更为直观的参考与借鉴。

　　首先，效果图可以让人直观化、形象化地感知设计方案及表达的意图，能够让人直观地了解项目的外观和内部结构，帮助我们全面了解非遗馆的设计思路，为非遗馆的建筑形态及展陈设计提供帮助。标准比例的效果图、平面布局图、立面图等也可以为各功能分区的确立提供依据。其次，效果图、平面布局图和立面图等可以让人对建筑及展陈空间形态、色彩和材质等方面形成直观的认知，进而做出准确的决策，有利于确定施工中所需的材料，凸显非遗项目展示的效果，为展陈设计和施工的顺利推进提供有力支持。

　　此外，在非遗馆建设的初期阶段，效果图可以帮助设计师和相关专业人员进行有效沟通和协作，以确立设计定位，明确建筑形态及展陈空间效果的设计目标；在非遗馆建设的中后期，效果图可以为相关的项目申报、立项、工程审批提供依据；在非遗馆建设完成后，效果图还可以作为非遗馆对外做形象宣传的重要材料，为非遗馆将来的布局图示设计、导览设计等其他后续工作提供有力支持。

一、展陈设计篇（图 6-1 至 6-37）

图 6-1
非遗馆动态影像展示空间设计效果图。以巨幅 LED 投影屏的影像展示方式，为某些非遗纪录片、传习场景及文化空间环境提供良好的展示效果。

图 6-2
非遗馆的传承人展示空间设计图。以一整面墙作为传承人图片展示区，中间展台为传承人信息数字检索设备，可以搜索传承人的具体情况。上方的圆形装置为异形 LED 屏幕，既可以作为展示背景，又可以展示二十四节气之类与天文相关的非遗项目。

图 6-3、6-4　　　　传统医药类项目与中国古建筑营造技艺类项目融合的展示区域设计效果图。在展示设计中，可以采用将医柜、医案材料等实物与传统家具、传统建筑相结合的方式集中展示，这样既可以通过装饰艺术手法塑造环境氛围，也可以有效节约展陈空间。

图 6-5、6-6　　　　　非遗馆中国古建筑营造技艺项目展示设计效果图。非遗展示环境往往与
传统文化表现形式密切相关，这也是许多非遗项目类别前加了"传统"
二字的原因，如"传统音乐""传统美术""传统技艺"等。非遗展示空
间的塑造应既注重现代设计手法，又不能放弃中国传统文化氛围。

图 6-7
非遗展示空间中的皮影戏展演区设计效果图。
非遗馆应保留一定的互动体验空间和观演活
动区，以便于某些项目的现场演示，并与观
众之间形成良好的互动。皮影戏是广受青少
年喜爱的项目，经常被各非遗馆用于互动展
示环节。

图 6-8
非遗馆展陈设计效果图。传统的织布机、缂丝
机是纺染织绣类非遗项目的实物展示品。通过
场景化、组团式的装置艺术形式，可强化云锦、
蓝印花布、羌绣、苗绣、织锦等项目的展示效
果，以便让观众了解项目的真实制作过程。

图 6-9
河北沧州中国大运河非物质文化遗产展示馆室
内展陈环境实景图。

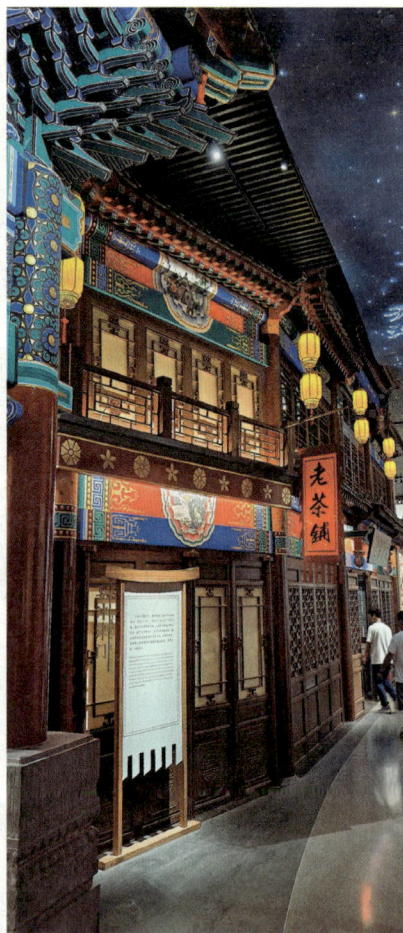

图 6-10
河北沧州中国大运河非物质文化遗产展示馆
室内展陈环境实景图。其中，天津展区以
"津门故里"为主题结合古建筑进行布展。

图 6-11
河北沧州中国大运河非物质文
化遗产展示馆室内展陈环境实
景图。"津门故里"展区以蜡
像与实景结合的方式展示天津
"狗不理"包子制作技艺。

图 6-12、6-13、6-14　河北沧州中国大运河非物质文化遗产展示馆室内展陈环境实景图。为全面展示非遗项目全貌，可以借助蜡像人物、木质桌椅等物品强化环境氛围，深刻体现非遗项目中蕴含的地域文化、建筑环境、人群特征等内容。

图 6-15
河北沧州中国大运河非物质文化遗产展示馆室内展陈环境实景图。在合理划分空间的基础上，以顶部装置艺术造型结合沿大运河各省份名称贯通各展区。

图 6-16
《印象·刘三姐》演出入口处实景图。入口处利用竹编技艺制作的超大型艺术装饰，让人印象深刻。

图 6-17
利用竹编技艺制作的景观艺术。竹编制作技艺类项目在展陈环境中可以利用夸张的展示形式，让空间环境更具艺术性和视觉冲击力。（网络图片）

图 6-18
陕西省榆林市举办的首届中国非遗保护年会的非遗展示空间实景图。图中是利用剪纸简洁且艺术化地在展区天棚上完成的装饰设计。

图 6-19、6-20
陕西省榆林市举办的首届中国非遗保护年会的非遗展示空间实景图。设计人员利用风筝、雨伞等实物，结合非遗项目的图文介绍形成了对展示空间的虚拟划分，最大化地丰富了展品。

图 6-21
中国（韶山）非物质文化
遗产博览园外观实景图。
（网络图片）

图 6-22
浙江省非遗馆的室内空间
环境设计实景图。
（供图：郭艺）

图 6-23
浙江省非遗馆的室内空间
环境实景图。戏台可以为
古建筑营造技艺及传统戏
剧、曲艺类项目提供良好
的展示平台。中国非遗馆、
浙江省非遗馆、桂林非遗
体验馆等多个非遗馆中都
有类似的展示空间。
（供图：郭艺）

图 6-24　　　　浙江省非遗馆的室内空间环境实景图。浙江省非遗馆开馆后，各地观众络绎不绝，图为传承人活态展示区域。

图 6-25　　　　泉州市非遗馆以非遗项目名称结合装置艺术设计的室内展陈空间环境实景图。

图 6-26　　　　　四川省非遗馆"天府根脉——四川省非物质文化遗产精品展"入口处展陈环境实景图。展陈空间顶部以四川地图为元素，结合传统竹编技艺强调了"天府之国"。（供图：李琳）

图 6-27、6-28、6-29
四川省非遗馆"天府根脉——四川省非物质文化遗产精品展"基本展陈环境。（供图：李琳）

图 6-30　　　　　　　国家级非遗代表性项目哈萨克族毡房营造技艺展示实景图。以传统民族风格的毡房剖面，将哈萨克族日常生活所需要的家具、服装、装饰艺术品等纳入毡房展示。这种剖面图式的环境布局有助于非遗项目的集中展示，如哈萨克族毡房、服饰及美食制作技艺等非遗项目。

图 6-31、6-32　　　　　精美的裕固族刺绣及服装配饰展示实景图。

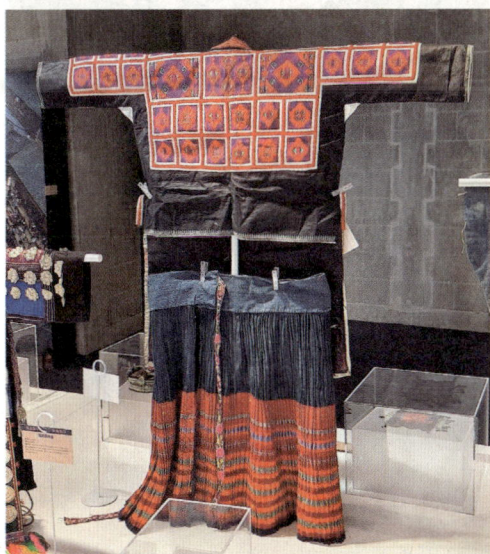

图 6-33、6-34、6-35
2023 年在上海前滩 31 举办的"指
上生花，经典永续"非遗特展实景
图。图片为国家级非遗代表性项目
苗绣传承人欧东花收藏的苗族服饰。

图 6-36　　　　　　　　　裕固族服饰展示实景图。综合型非遗馆可以将服装服饰类非遗项目组团式予以展示。

图 6-37　　　　　　　　　裕固族服饰展示实景图。裕固族服饰制作技艺传承人在讲解她收藏的服饰及服装配饰和纹样等。

二、非遗成果及文创产品篇（图 6-38 至 6-71）

　　某些非遗成果和以某种非遗技艺为主要制作方式开发的文化创意产品，或者带有非遗形式的文创艺术品，均为非遗文创，进行非遗相关的文创产品开发对非遗项目的宣传展示及促进观众深度了解非遗具有重要的意义。

图 6-38、6-39　河北沧州中国大运河非物质文化遗产展示馆室内非遗文创空间实景图。非遗馆的文创空间既可以提升展陈效果，也可以增加场馆的经济收益，对非遗成果的创造性转化、创新性发展具有重要的推动作用。应加强对非遗馆藏（展）品和非遗技艺成果形式的创新应用，结合市场和观众需求，深度开发研制并推向市场，或在非遗馆文创空间展示、售卖；也可以与新媒体网络平台结合进行宣传展示与销售，在注重社会效益的同时，实现经济收益。同时，这类文创艺术品的设计开发及售卖方式也可以参考借鉴各地博物馆的成功经验。

图 6-40、6-41　甘肃省博物馆推出的首款铜奔马立体拼装积木及相关文创艺术品展示实景图。甘肃省博物馆的文创艺术品除了以"马踏飞燕"为主题外，也有涉及与馆藏文物相关的图案、色彩与器型，且覆盖了各年龄段，成为博物馆借助文创产品增加经济收入的重要方式。

图 6-42   河南博物院的传拓盲盒。目前，博物馆文博文创开发主要有两种模式：一种是以博物馆为主导的开发模式；另一种是通过授权机制，把博物馆文物等资源授权相关单位进行联合设计开发及后续推广。河南博物馆在这两种方式上都有很好的经验。

图 6-43   河南博物院官网网页截图。在销售环节之前，其已经深度完成了与网络电商之间的联合，成为博物馆 IP 打造和形象推广的亮点。

图 6-44　　　　　　"广西三月三·八桂嘉年华"非遗展示活动展出和现场售卖的非遗文创——东盟艾娃。

图 6-45　　　　　　北京金漆镶嵌艺术博物馆的非遗文创。其采用了传统金漆镶嵌技艺，形式多样、定价合理，广受观众和游客喜爱。

图 6-46　　　　　　赫哲族鱼皮制作技艺的文创艺术品。鱼皮质感舒适，民族特色鲜明，但在推广、营销等环节尚待进一步拓展。

图 6-47   2023 年，"新疆是个好地方——对口援疆 19 省市非物质文化遗产展"中既是展品又可以销售的茶叶礼盒。在非遗馆文创销售空间中，应为茶及茶具等预留出专门的品尝和售卖空间。

图 6-48   2023 年，"新疆是个好地方——对口援疆 19 省市非物质文化遗产展"中展出的木碗等文创艺术品。

图 6-49   以传统制作技艺结合传统色彩和造型制作的河南泥塑（浚县泥咕咕）——祝寿生肖。

图 6-50　　　　　　　新疆阿克塞地区造型精美、具有民族风格特色的酒具。

图 6-51　　　　　　　以传统造型和色彩搭配制作而成的布老虎。

图 6-52　　　　　　　非遗药香由于安神、醒脑等作用而广受大家喜爱。

图 6-53
甘肃省渭南市非遗博物馆展出的
皮影作品。这些皮影作品可以在
非遗文创空间中进行销售。

图 6-54　　　　浙江省非遗馆以传承人现场展示技艺结合竹子造型的虚拟人物装置，
　　　　　　　动态化展现了竹编技艺取材、材料分解、编制的全过程。

图 6-55
浙江省非遗馆精心设计制作而成的以鹿为造型
的展示实物。组成鹿身体的每个三角形方块都
采用了不同形式的竹编纹样，顶部展陈设计也
是如此。

图 6-56　　　　浙江省非遗馆专门设计制作的灯彩（乐清首饰龙）展品，配以侧面可
　　　　　　　用于互动的装置，详细地向观众展示了灯彩中人物的运动原理。

图 6-57、6-58　　　浙江省非遗馆传统技艺常设展的入口处实景图。

图 6-59　　　　　浙江省非遗馆文创空间出口处深受观众喜爱的互动装置。

图 6-60　　　　　浙江省非遗馆文创空间利用非遗竹编技艺编制而成的手提包。

图 6-61、6-62、6-63
浙江省象山县中国海洋渔文化馆的展陈空间实景图。其以实景搭建的方式展示了象山沿海地区的民居特色和生活场景，这也是非遗馆可以采取的展陈方式。

图 6-64　　　　浙江省宁波市的非遗展示、文创产品销售和研学空间。其将临街商铺专门开辟为宁波市非遗项目的集中展示区域。

图 6-65　　　　浙江省绍兴市的越红·绍兴非遗客厅的展陈实景图。其以图文展板和展柜展示结合的方式，较为全面地介绍了当地的部分非遗项目。

图 6-66　　　　浙江省绍兴市的中国黄酒博物馆展厅环境实景图。曲线式设置展厅动线，以实景搭建、人物雕塑和触摸感应等方式介绍相关展示内容，值得非遗馆展示设计参考借鉴。

图 6-67、6-68　　浙江省非遗馆将梁祝传说融于沉浸式体验空间中，这一展示方式深受青少年观众的喜爱。

图 6-69
浙江省非遗馆的互动体验空间实景图。其将木结构营造技艺、活字印刷技艺等非遗项目技艺，经过二次开发设计后应用于互动体验空间，让孩子们可以感受、学习榫卯结构的简单搭建。

图 6-70   浙江省非遗馆的互动体验空间实景图。巨大的戏剧盔头造型既可以作
                                为传统戏剧展区的入口装置，也可以让观众在此体验、拍照、打卡。

图 6-71　　　　浙江省非遗馆用制作精美的轿子配以讲解词让观众深度了解何为"十
里红妆",深刻体现了非遗中的传统文化故事。

后 记

非物质文化遗产保护是"功在当代、利在千秋"的事业，我国的非物质文化遗产保护工作是结合自身国情为保护和传承中华优秀文化遗产而进行的伟大实践，非物质文化遗产馆的建设则是这一实践进程中的创举，对加强非遗保护，满足人民群众日益增长的文化需求，丰富人民群众文化生活具有重要意义。本书从非遗馆的建设背景及状况、建筑形态及布局形式、展陈设计及管理运营等方面进行了一定的研究。书中案例多为笔者在全国各地的调研工作中所收集、汇总、整理的资料，并在此基础上历时两年多撰写成书。

我深知，要全面深入地完成非遗馆建设与管理运营这一研究课题有相当大的难度，但承蒙各位朋友和业界同人，尤其是中国艺术研究院中国非物质文化遗产保护中心各位师长的关爱、支持与鼓励，我终于完成这一任务。感谢中国非物质文化遗产馆、浙江省非物质文化遗产馆、四川省非物质文化遗产馆及各地非物质文化遗产展示空间为本书提供的大量素材。感谢能有机会参与中国非物质文化遗产馆藏（展）品征集、基本展陈方案的研讨等相关工作，这为本书的内容奠定了基础。在此基础上，笔者结合自己多年来对非遗保护工作的认知，参与非遗馆基本展陈文本大纲的编制、展陈设计等工作实践，从设计艺术学、管理学等角度，以尽可能全面翔实的案例为参考，最终写成本书，以期为今后非遗馆的建设与管理运营提供参考和借鉴。特别感谢北京时代华文书局周海燕老师的辛苦付出！因时间和水平所限，书中不足之处，诚恳希望业界专家、学者、同人多多批评指正。

张志颖

2024 年 4 月